プログラミングに関する
…え方をまとめています。

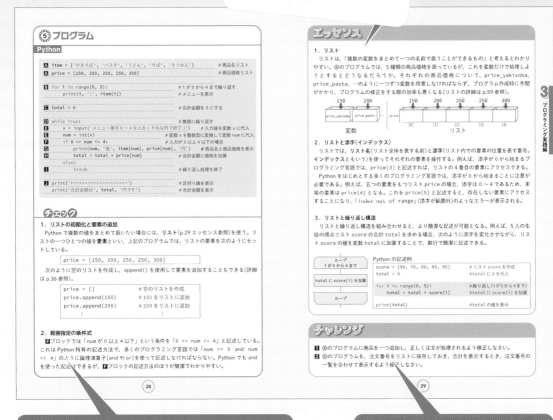

各節で作成するプログラムを理解するために
必要な構文規則（文法）などを解説しています。

各節で学習したことを踏まえて，
類題や難問にチャレンジします。

▶ 1 章は，マンガ→キーワード→エッセンスまたは Step1～4 およびエッセンスで構成しています。

▶ 1 章と 2 章は，Step1，Step2，Step4 の穴埋めは多肢選択になっています。

▶ 3 章は，Step1，Step2，Step4 の穴埋めは自分で考えて解く形にし，1～2 章と合わせて段階的に学べるよう工夫しています。

▶ プログラミングを学習するうえで，最低限押さえておきたい節には，各節のタイトル横に★を付けています。

▶ 巻末には，Python の操作説明を付録として収録しています。

ダウンロードデータ

テキスト内に掲載されているプログラムデータ (Python) は，
https://www.jikkyo.co.jp/download/ からダウンロードできます（「事例でまなぶプログラミングの基礎　Python 編」で検索を行ってください）。

事例でまなぶ プログラミングの基礎 Python編

目次

1章 アルゴリズムとプログラミングの基本

2章 プログラミング基本編

3章 プログラミング実践編

付録

1 問題解決の手順を図式化してみよう ★

ポイント

　私たちは，日々多くの問題に直面し，それらを解決しながら生活している。これらの問題を解決するための処理手順のことを**アルゴリズム**という。アルゴリズムは，図形や線などの記号を用いた**フローチャート**（**流れ図**）で図式化するとわかりやすくなる。

キーワード

【**アルゴリズム**】　問題を解決するための処理手順のことである。事前にアルゴリズムを作成しておくと，処理の流れがわかりやすくなり，プログラムを作成しやすくなる。

【**フローチャート**】　アルゴリズムを表現する方法の一つであり，アルゴリズムを図式的に表現したものである。具体的には，日本産業規格（JIS）によって決められた図形や線などの記号を用いて処理の流れを表現している。フローチャート以外にも，アルゴリズムを図式化する方法がいくつか開発されているが，本書ではフローチャートでアルゴリズムを表していく。

　上の図は，体育祭の開会式をフローチャートにしたものである。このように，作業や計画などにおいて，全体の流れを事前に把握しておくことは重要である。

　フローチャートは，原則として処理手順を上から下へ表記し，最初に「始め」，最後に「終わり」などと表記する。また，各記号の中に，文字や数式を使って必要な処理を記述する。フローチャートで使用するおもな記号は次のとおりである。

記号と名称	意味	記号と名称	意味
端子	フローチャートの始めと終わりを表す	定義済み処理	別の場所で定義された処理を表す
準備	変数の宣言や初期値の設定など，事前の準備を表す	ループ始端	繰り返し処理（ループ）の始めと終わりを表す
データ	データの入力や出力を表す	ループ終端	
処理	計算や代入などの処理を表す	判断	条件によって，データの流れが分岐する処理を表す
結合子	フローチャートが長くなったとき，続きを示すために使用する	線	データや処理の流れを表す

（JIS X 0121 より参照）

2 順次構造と選択構造の基本を学ぼう ★

◎🔑 キーワード □順次構造 □選択構造（分岐構造）

1 こうしたい！

・その日の天気予報を確認し，（ ① ）の予報なら，（ ② ）をもって（ ③ ）する。

【語群】　ア．傘　　　　イ．晴れ
　　　　　ウ．雨　　　　エ．腕時計
　　　　　オ．出発　　　カ．帰宅

2 どうする？

❶ 天気予報を見る。

❷ （ ④ ）の予報ならば，（ ⑤ ）をもつ。

❸ （ ⑥ ）する。

【語群】　ア．腕時計　　イ．雨
　　　　　ウ．晴れ　　　エ．傘
　　　　　オ．帰宅　　　カ．出発

③ シナリオ化

A

天気予報を見る。

B

雨の予報ならば，傘をもつ。
（雨の予報でなければ，何もしない）

C

出発する。

④ フローチャート

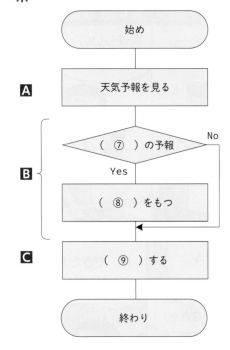

【語群】　ア．晴れ　　イ．傘
　　　　　ウ．出発　　エ．帰宅
　　　　　オ．雨　　　カ．腕時計

エッセンス

　一般的に，アルゴリズムは，**順次構造・選択構造（分岐構造）・繰り返し構造（反復構造）**の三つの基本的な構造で表現する。順次構造と選択構造の特徴は次のとおりである（繰り返し構造はp.7参照）。

順次構造	選択構造
原則として，上から下へ処理を順に実行する構造である。処理1，処理2，…の順に実行する。	条件によって処理が分かれる構造である。条件が真(Yes／True)のときは処理1を，偽(No／False)のときは処理2を実行する。

③ 繰り返し構造の基本を学ぼう ★

◎⌐ キーワード □繰り返し構造（反復構造）

①✦ こうしたい！

・（ ① ）の（ ② ）の手順を理解し，効率
よく料理できるようにする。

②✦ どうする？

❶（ ③ ）を洗う。
❷ ヘタの部分を切る。
❸ 皮をむく。
❹ 縦方向に（ ④ ）に切る。
❺ 切り口を下にして端から一定の厚さに切る。
❻（ ⑤ ）まで❺を繰り返す。

【語群】 ア．大根　　 イ．にんじん
　　　　 ウ．半月切り　エ．いちょう切り

【語群】 ア．にんじん　イ．大根
　　　　 ウ．半分　　　エ．四等分
　　　　 オ．切り終わる　カ．切り始める

③ シナリオ化

A

にんじんを洗う。

B

ヘタの部分を切る。

C

皮をむく。

D

縦方向に半分に切る。

E

切り終わるまで**F**を繰り返す。

F

切り口を下にして端から一定の厚さに切る。

④ フローチャート

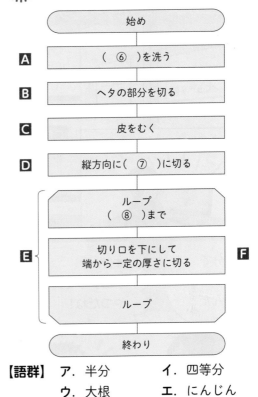

始め

A （　⑥　）を洗う

B ヘタの部分を切る

C 皮をむく

D 縦方向に（　⑦　）に切る

E　　ループ
（　⑧　）まで

切り口を下にして
端から一定の厚さに切る　**F**

ループ

終わり

【語群】　ア．半分　　　　イ．四等分
　　　　　ウ．大根　　　　エ．にんじん
　　　　　オ．切り始める　カ．切り終わる

エッセンス

　コンピュータを使った作業の中に，同じ処理を何回も行う場面がよく出てくる。そのようなときには，同じ処理内容のプログラムを何度も記述するのではなく，「この部分の処理を必要な回数だけ繰り返す」というように指示するとよい。このような構造を**繰り返し構造**（反復構造）という。

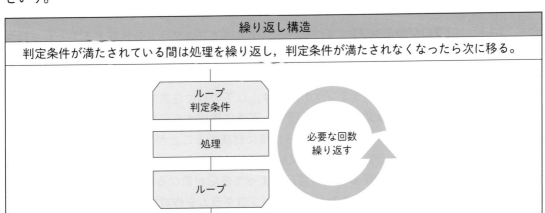

繰り返し構造
判定条件が満たされている間は処理を繰り返し，判定条件が満たされなくなったら次に移る。

ループ
判定条件

処理

ループ

必要な回数
繰り返す

4 プログラミングを学ぼう

◎━ キーワード □プログラミング言語 □プログラミング □Python

 ポイント

コンピュータは,「0」と「1」だけで表現された機械語(マシン語)と呼ばれる言語しか理解できない。機械語を人間がそのまま読んで理解するのは難しいため,機械語に変換でき,人間が扱いやすい言語が作られた。それを**プログラミング言語**という。プログラミング言語でプログラムを作成すれば,コンピュータ上でさまざまな処理が実行できる。

キーワード

【**プログラミング**】 プログラミング言語でプログラムを作成することをプログラミングという。基本的に,フローチャートなどで表された処理手順に従ってプログラミングすることが望ましい。

また,プログラミングの際には,以下の点に注意するとよい。

・**1行の命令文をなるべく短く,正確に作成する**

➡ 効率のよさを考えながら正確に作成することが重要である。

・**プログラミング言語の構文規則(文法)に従う**

➡ 同じ命令でも言語の種類によって表記が異なる場合がある。

・**ほかの人が見てもわかりやすいプログラムを作成する**

➡ プログラムは,作成した本人だけが活用するとは限らない。

エッセンス

　本書では，次章からプログラミング言語の一つであるPythonを使用し，プログラミングの基礎を学習する。Pythonは，近年人気が高まっているプログラミング言語である。プログラムの書きやすさ・読みやすさを追究した言語であり，Webサービスの開発，機械学習などの人工知能(AI)の開発，教育目的での利用など幅広い場面で活用されている。

　Pythonのほかにもプログラミング言語には，次のようにさまざまな種類や用途がある。なお，プログラミング言語によっては，複数の用途に使用されていることがあり，ここに表記した限りではない。

代表的なプログラミング言語の用途とその特徴

データ分析
Python，R など

研究などの
データ分析に
使用される。

マクロ
VBA，AppleScript など

作業の自動化が
できる点が特徴
的である。

プログラム開発(組み込み)
C，C++，Java など

家電製品などの
システムに組み
込まれて使用さ
れる。

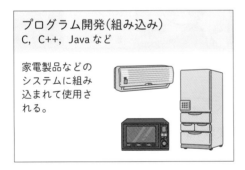

ゲーム開発
C♯，C++ など

ゲームを開発する
ために使用される。

Web ページ
HTML，CSS，PHP，JavaScript など※

Webページ作成
などに使用される。

アプリケーション開発
Swift，Objective-C，Ruby など

アプリケーション
を開発するために
使用される。

※一般的に，HTML はマークアップ言語，
　　　　　　　HyperText Markup Language
　CSS はスタイルシート言語に分類される。
　　　Cascading Style Sheets

❶ プログラミングをはじめよう ★

🔑 キーワード □順次構造 □変数 □代入 □コメント

① こうしたい！

・ゲームに登場する主人公の（ ① ）を設定し，メッセージを（ ② ）したい。

【語群】
ア．名前　　イ．表示
ウ．装備　　エ．削除

② どうする？

❶ 変数 name に主人公の名前を代入する。
❷ 一つ目のメッセージ「（ ③ ）」を表示する。
❸ 二つ目のメッセージ「（ ④ ）」を表示する。
❹ 三つ目のメッセージ「（ ⑤ ）」を表示する。

【選択肢】
ア．サトシ です。
イ．ほう！ サトシ というんだな。 よろしくな！
ウ．君の名前は，何だったかな？

③ シナリオ化

A
変数 name に主人公の名前「サトシ」を代入する。

B
一つ目のメッセージ「君の名前は，何だったかな？」を表示する。

C
二つ目のメッセージとして，変数 name に代入した名前と「です。」を表示する。

D
三つ目のメッセージとして，「ほう！」と変数 name に代入した名前と「というんだな。よろしくな！」を表示する。

④ フローチャート

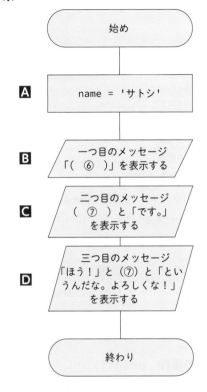

【選択肢】
ア．変数 name に代入した名前
イ．変数 name に代入した数字
ウ．君の名前は，何だったかな？

プログラミング基本編 **2**

実行例▶

君の名前は，何だったかな？
サトシ です。
ほう！ サトシ というんだな。よろしくな！

⑤ プログラム

```
A  name = 'サトシ'                                      # 変数 name に「サトシ」を代入
B  print('君の名前は，何だったかな？')                    # 一つ目のメッセージを表示
C  print(name, 'です。')                                # 二つ目のメッセージを表示
D  print('ほう！', name, 'というんだな。よろしくな！')    # 三つ目のメッセージを表示
```

チェック

1. 変数と代入

A ブロックでは，変数 name に文字列「サトシ」を代入している。文字列は，「'」（シングルクォーテーション）あるいは「"」（ダブルクォーテーション）で囲む必要がある（数値の場合は必要ない）。

使用例	説明
x = 100	変数 x に数値「100」を代入する
x = '情報'	変数 x に文字列「情報」を代入する

2. 出力の操作　print()

print() は，データを画面などに出力（表示）したいときに使用する。print() のカッコの中に，数値や文字列などを記述すると，画面に表示することができる。文字列を表示したい場合，「'」（シングルクォーテーション）あるいは「"」（ダブルクォーテーション）で囲む必要がある。また，print() のカッコの中に「,」（コンマ）で区切ってそれぞれの値を記述すると，複数の値を画面に表示することができる。

使用例	実行結果	説明
print(100)	100	数値「100」を表示する
print('情報')	情報	文字列「情報」を表示する
print('午前', 9, '時')	午前 9 時	文字列「午前」と数値「9」と文字列「時」を表示する
x = 100 print(x, '円')	100 円	変数 x に代入された値と文字列「円」を表示する

3. コメント

プログラムには，メモなどをコメントとして書き記しておける。プログラムや文章の直前に「#」を入力すると，# から行末までコメントとして認識され，プログラムを実行するときには無視される。処理内容などをコメントにして書き残しておくことで，プログラムを後から編集するときに役立つので便利である。

```
name = 'サトシ'
# この部分はコメントとして認識される
print(name, 'です。')
```

エッセンス

1. 順次構造

順次構造では，原則として，プログラムは1行目から順番に処理が実行される。フローチャートで表すと，処理内容は上から下へ順番に記述され，右図のように，処理1，処理2，処理3，…の順に実行される。ただし，実際のプログラムでは，前章で学習した順次構造・選択構造・繰り返し構造の三つの基本構造の組み合わせにより記述されている。また，四則演算などの計算式を立てたり，計算結果を画面に表示したりするなど，さまざまな処理が実行される。

| 処理1 |
| 処理2 |
| 処理3 |

2. 変数

プログラムを実行するたび，変化する数字や文字などの値を毎回入力するのは面倒であり，それらの値を格納でき，入れ替えや保管ができる箱のようなものがあると便利である。その値を格納しておける箱のようなものを**変数**という。

3. 変数名

変数を利用するには，**変数名**を付ける必要がある。変数名を付ける際には，いくつかの規則がある。例えば Python では，変数名に使用できるのは**半角のアルファベット(a～z, A～Z)**，**数字(0～9)**，**アンダースコア(_)** が基本で，これらを組み合わせた変数名にする必要がある。ただし，1文字目に数字を用いたり，すべて数字にしたりすることはできない。また，アンダースコア以外の記号やスペースは使用できない。

| 使用できる例 | answer1, answer2, name, goukei, user_ID |
| 使用できない例 | 3point, 1234, #dream, hello?, x+y |

プログラムは，誰が見てもわかりやすく作成することが重要であり，変数名も，「その変数に何が入っているか」が推測しやすいものを付けるとよい。

4. 代入

変数に値を格納することを**代入**という。プログラミングをするときには，次の点に注意が必要である。

例えば，「変数 money に 500 を代入する」と記述したい場合，プログラミングでは一般的に「money = 500」と記述され，「=」(イコール)は「代入する」という意味で用いられる。Python では，「=」を数学のように「左辺と右辺が等しい」という等号の意味では用いない。「money と 500 が等しい」と表すには，Python など多くのプログラミング言語では，「money == 500」と記述する。

チャレンジ

自分の名前を変数 name に，趣味を変数 hobby にそれぞれ代入し，これらの変数を用いて自己紹介の文章を print() で画面に表示させるプログラムを作成しなさい。

2 貯金後の金額を表示してみよう ★

◎凸 キーワード □演算子 □型 □型変換 □デバッグ □デバッガ

1 こうしたい！

（ ① ）に追加で貯金した後の（ ② ）を表示させたい。

【語群】 ア．賽銭箱　　イ．貯金箱
　　　　 ウ．金額　　　エ．時刻

2 どうする？

❶ 変数 money に数値「（ ③ ）」を代入する。

❷ 貯金する前の（ ④ ）を表示する。

❸ 貯金する金額を入力し，変数 add に代入する。

❹ 変数 money に変数 add を加算する。

❺ 貯金した後の（④）を表示する。

【語群】 ア．金額　　イ．時刻
　　　　 ウ．100　　エ．500

③ シナリオ化

A
変数 money に数値「500」を代入する。

B
貯金する前の金額を表示する。

C
貯金する金額を入力し，変数 add に代入する。

D
変数 money に変数 add を加算する。

E
貯金した後の金額を表示する。

④ フローチャート

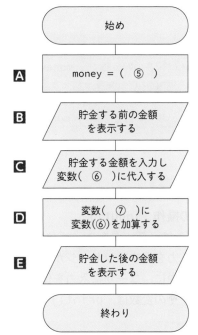

A money ＝（ ⑤ ）

B 貯金する前の金額を表示する

C 貯金する金額を入力し変数（ ⑥ ）に代入する

D 変数（ ⑦ ）に変数（⑥）を加算する

E 貯金した後の金額を表示する

始め

終わり

【語群】 ア．100　　イ．500
　　　　ウ．money　エ．add

実行例 ▶

出力 現在の貯金額：500 円
出力 貯金する額を入力してください。
入力 100
出力 現在の貯金額は 600 円です。

Python

```
A  money = 500                                     # 貯金する前の金額を代入
B  print('現在の貯金額：', money, '円')              # 貯金する前の金額を表示
C  add = input('貯金する額を入力してください。')        # 貯金する額を入力し，変数 add に代入
D  money = money + int(add)                        # 変数 money に変数 add を加算
E  print('現在の貯金額は', money, '円です。')          # 貯金した後の金額を表示
```

チェック

1．入力の操作　input()

　input() は，データをユーザから入力させたいときに使用する。プログラムを実行すると，ユーザに入力を促すメッセージが表示され，ユーザからのデータ入力を受け付ける。input() のカッコの中に，ユーザに入力を促すメッセージを記述し，ユーザが入力したデータを変数に代入する。その変数は，print() で画面に出力(表示)して活用することが多い。

使用例	実行結果
kakaku = input('価格を入力してください。')	価格を入力してください。 >>>100
print(kakaku, '円です。')	100 円です。

※ >>> は，値の入力を示す (以後は同じ)。

2．input() で入力されたデータの型と型変換

　Python では，変数を使用するとき，**型**(p.17 エッセンス参照)と呼ばれるデータの種類(数値や文字列など)が変数に自動的に割り当てられるが，いくつかの注意が必要である。例えば，**C**ブロックの「add = input('貯金する額を入力してください。')」の部分で「100」と入力すると，「100」は数値ではなく文字列として変数 add に代入される。したがって，**D**ブロックで「money = money + add」と入力すると，数値「500」と文字列「100」の足し算をしようとして，実行時にエラーになる。変数 add を数値(整数)として扱いたい場合には，「money = money + int(add)」のように，変数 add を文字列から数値(整数)に変換する必要がある。このように，データの種類を変換することを**型変換**(p.17 エッセンス参照)という。

使用例	実行結果
year = input('今年は西暦何年ですか？')	今年は西暦何年ですか？ >>>2022
print('来年は西暦', int(year) + 1, '年です。')	来年は西暦 2023 年です。

　なお，print() のカッコの中に「，」(コンマ)で区切って異なる型が記述されることがあるが，値を結合しているわけではなく，複数の値を画面上に並べて表示しているだけなので，型変換する必要はない。

エッセンス

1．演算子

　プログラムの中で計算式を立てるときには，**演算子**と呼ばれる記号を用いる。例えば，数学では「＋」「−」「×」「÷」などの記号を使って計算式を表すが，Python では，右表のような演算子を用いる。掛け算や割り算などでは，数学とは異なる記号が用いられるので注意しよう。このように，算術的な計算を行う際に用いる記号を**算術演算子**という。なお，プログラムを読みやすくするため，算術演算子などの記号の前後に半角スペースを入れることがあるが，全角スペースを入れるとエラー（バグ）の原因となるので，注意が必要である。

Python のおもな算術演算子

演算子	説明	使用例
＋	足し算	5 + 2 　（答え 7）
−	引き算	8 − 3 　（答え 5）
*	掛け算	7 * 4 　（答え 28）
/	割り算	12 / 3 　（答え 4.0）
//	整数除算	10 // 6 　（答え 1）
%	余り	10 % 3 　（答え 1）
**	べき乗	5 ** 2 　（答え 25）

2．型

　多くのプログラミング言語では変数を使用する場合，データの種類（数値や文字列など）を事前に宣言する必要がある。このデータの種類のことを**型（Type）**または**データ型**という。型には名前が決められており，Python で使用されるおもな型は右表のとおりである。

Python のおもな型

型	説明
int	整数を表す型
float	実数を表す型
str	文字列を表す型

3．型変換

　Python は，変数を使用するときに最初に代入された値によって自動的に型が割り当てられるので，事前に型を宣言しなくても変数を使用することができる。しかし，型の考え方を理解しながらプログラミングをすることは極めて重要である。Python で使用されるおもな型変換は右表のとおりである。

Python のおもな型変換

型変換	説明
int()	数値（整数）に変換する
float()	数値（実数）に変換する
str()	文字列に変換する

4．デバッグ

　プログラミングをしていると，作成したプログラムが意図したとおりに動作しないケースが多々ある。この場合，プログラムの中でエラー（バグ）の原因となっている部分を見つけ出し，修正する必要がある。この作業を**デバッグ（debug）**という。バグ（bug）には，「虫」や「誤り」という意味があり，これらを取り除く（de-）作業であることが，デバッグ（debug）の語源であるといわれている。また，プログラムのデバッグ作業を支援するソフトウェア，あるいは作業者のことを**デバッガ（debugger）**という。

チャレンジ

　税抜き価格を input() で入力し，税込み価格を print() で表示するプログラムを作成しなさい。ただし，消費税率は 10% とする。

3 診断プログラムを作ろう ★

○━ キーワード □選択構造 □インデント □条件式

1 こうしたい！

・質問に対する答えが「（ ① ）」だった場合，下記のポイントを加算する。

（一つ目の質問）食事中に使用…1ポイント

（二つ目の質問）入浴中に使用…3ポイント

・次表のように，ポイント合計によって3パターンの結果を表示

ポイント合計	結果
3ポイント以上	使いすぎです
1ポイント以上	要注意です
0ポイント	問題なし！

【語群】 ア．はい　　イ．いいえ

2 どうする？

❶ 質問の答えが「はい」の場合はy,「いいえ」の場合はそれ以外のキーを入力するよう説明を表示する。

❷ 質問の数だけ，次の(1)と(2)を行う。

(1)質問を表示し，ユーザに入力を促す。

(2)入力された文字が（ ② ）の場合，（ ③ ）にポイントを加算する。

❸ (③)によって「使いすぎです」「要注意です」「問題なし！」のいずれかを表示する。

【語群】 ア．y　イ．n　ウ．1
　　　　エ．「はい」の数　オ．ポイント合計

③ シナリオ化

A
ポイントを合計する変数 result に 0 を代入する。

B
入力説明として「はい→y いいえ→それ以外のキー」と表示する。

C1 **C2**
質問を表示し，入力された文字を変数 moji に代入する。

D1 **D2**
変数 moji の値が「y」と等しいかどうか判断する。

E1 **E2**
「y」の場合，変数 result にポイントを加算する。それ以外の場合は何もしない。

F
変数 result が 3 以上かどうか判断する。

G
Yes の場合，「使いすぎです」と表示する。

H
No の場合，変数 result が 1 以上かどうか判断する。

I
Yes の場合，「要注意です」と表示する。

J
No の場合，「問題なし！」と表示する。

④ フローチャート

```
          始め

A   result = ( ④ )

B   入力説明を表示する

C1  食事中の質問を表示し，入力され
    た文字を変数 moji に代入する

D1  moji == '( ⑤ )'  ──No──┐
         Yes                │
E1  result = result         │
         + ( ⑥ )           │
         ←─────────────────┘
C2  入浴中の質問を表示し，入力され
    た文字を変数 moji に代入する

D2  moji == '( ⑤ )'  ──No──┐
         Yes                │
E2  result = result         │
         + ( ⑦ )           │
         ←─────────────────┘
F   result >= ( ⑧ )  ──No──┐
         Yes                │
G   「使いすぎです」         │
    と表示する              │
                   H  result >= ( ⑨ ) ──No──┐
                           Yes              │
                   I  「要注意です」          │
                      と表示する            │
                                 J  「問題なし！」
                                    と表示する
         ←──────────────────────────────────┘

          終わり
```

【語群】　ア. 0　　イ. 1　　ウ. 2
　　　　　エ. 3　　オ. y　　カ. n

※記号は複数回使用してよい。

実行例 ▶

出力　はい→y　いいえ→それ以外のキー
　　　　食事中にスマホを触る？

入力　y

出力　スマホをお風呂にもって入る？

入力　n

出力　要注意です

Python

```
A    result = 0                                  # ポイント合計を表す変数に 0 を代入
B    print(' はい→y　いいえ→それ以外のキー ')      # 入力説明を表示

C1   moji = input(' 食事中にスマホを触る？ ')       # 質問を表示し，回答を入力させる
D1   if moji == 'y':                             # 「y」が入力された場合
E1       result = result + 1                     # ポイント合計に 1 を加算

C2   moji = input(' スマホをお風呂にもって入る？ ')  # 質問を表示し，回答を入力させる
D2   if moji == 'y':                             # 「y」が入力された場合
E2       result = result + 3                     # ポイント合計に 3 を加算

F    if result >= 3:                             # ポイント合計が 3 以上の場合
G        print(' 使いすぎです ')                   # 「使いすぎです」と表示
H    elif result >= 1:                           # それ以外で，ポイント合計が 1 以上の場合
I        print(' 要注意です ')                     # 「要注意です」と表示
     else:                                       # それ以外の場合
J        print(' 問題なし！ ')                     # 「問題なし！」と表示
```

チェック

1．if 文と条件式

D1 と D2 のブロックは if 文「if moji == 'y':」で**選択構造**を記述している。この「moji == 'y'」は，選択の条件を決める式で，この式が真か偽かでその後の流れが決定する。

・「==」とは？

「==」は左辺と右辺が等しいことを表すもので，このように左辺と右辺の比較をする演算子を**比較演算子**という（p.55 参照）。「moji == 'y'」は「変数 moji が 'y' と等しい」ことを表す。Python をはじめ多くのプログラミング言語では，一つだけの「=」は，左辺に右辺を代入する場合に使われ，数学の等号とは異なるので注意が必要である。

・if 文の行の「:」

if 文は，「もし条件式が真なら……を実行」のように，「もし○○なら」「……を実行」の二つがセットで記述されることが多い。「:」（コロン）は，そのつながりを示していると考えるとわかりやすい。

・**変数 moji に代入する 'y' に「'」が付いているのはなぜか？**

Python で文字列を使う場合，「'」（シングルクォーテーション）または「"」（ダブルクォーテーション）で文字列をくくる必要がある。D1 や D2 のブロックでは，キーボードから受け取った文字が代入された変数 moji が，文字列 'y' に等しいかどうか調べている。

2．診断プログラム

上記のプログラムでは，一つ目の質問を C1～E1 ブロック，二つ目の質問を C2～E2 ブロックで処理している。質問を増やしたい場合には，この C～E ブロックを質問の数だけ並べればよい。その際，F～J ブロックで行っている選択処理の条件式も必要に応じて変更する。

1．インデント

　プログラムの各行の先頭にスペースやタブを入れて右側に数文字分ずらすことを**インデント**と呼ぶ。多くのプログラミング言語では，インデントのあり／なしが実行に影響を及ぼすことはないが，Python では，インデントに処理ブロックを指定する重要な役割があり，ルール通りに指定しないとエラーとなるので注意が必要である（インデントの詳細は p.46 参照）。

　どのようなプログラミング言語を使う場合でも，プログラムは，あとから自分で修正したり，ほかの人が引き継いだりする場合が多い。処理のまとまりにインデントを付け，読みやすく記述することはとても重要であり，エラー（バグ）を減らすことにつながる。

もし晴れなら 体操服を持参 そうでなければ 傘を持参 教科書を持参	もし晴れなら 　体操服を持参 そうでなければ 　傘を持参 　教科書を持参	もし晴れなら 　体操服を持参 そうでなければ 　傘を持参 教科書を持参
インデントなし	正しいインデント	インデントに誤り （最終行）

2．複数の条件式

　複数の条件式は，「かつ」「または」でつないで一つの条件式にすることができる。例えば，Python では，「かつ」は and，「または」は or を使用する。この and や or を**論理演算子**といい，ほかのプログラミング言語にも同様の役割をもった記法が用意されている（論理演算子の詳細は p.55 参照）。

　複数の条件式は，注意して組み立てないと思わぬ挙動になったり，わかりにくくなったりする場合がある。選択構造の中に選択構造を入れる**ネスト（入れ子）**（p.37 参照）を使って実現することもできるので，状況に応じてどのように記述するか考える必要がある。

　下の図は，「市内在住の高齢者」は 3 割引，それ以外の市内在住者は 1 割引という条件の分岐について，2 種類の組み立て方の違いを図で表したものである（記述方式は Python）。

```
if 市内在住:
    if 高齢者:
        3 割引
    else:
        1 割引
```

```
if 市内在住 and 高齢者:
    3 割引
elif 市内在住:
    1 割引
```

ネスト（入れ子）を使用した条件分岐　　　論理演算子を使用した条件分岐

1　「はい」「いいえ」で答えられるクイズを 5 問出題し，1 問 2 点として 10 点満点で得点を表示するプログラムを作成しなさい。

2　「はい」は ＋1，「いいえ」は −1，「どちらでもない」は ±0 とする 3 択の診断プログラムを作成しなさい。ただし，診断テーマは自由に考えること。

4 素数判定をしよう ★

◎🔑 キーワード　□繰り返し構造　□フラグ　□素数

1 こうしたい！

・入力された数が（　①　）かどうかを答える。

・素数でない場合，その根拠がわかるように，何の数で（　②　）かを表示したい。

素数とは：（　③　）と（　④　）でしか割り切れない自然数。

例：4は（　⑤　）。5は（　⑥　）。

【語群】　ア．1　　　イ．2
　　　　　ウ．約数　　エ．その数自身
　　　　　オ．素数　　カ．素数ではない
　　　　　キ．割り切れた
　　　　　ク．割り切れなかった
　　　　　※記号は複数回使用してよい。

2 どうする？

❶ 2以上の正の整数を入力するよう促すメッセージを表示する。

❷ 入力された整数を，（　⑦　）からその「整数」に達する直前までの整数で順に割り，割り切れるか調べる。

❸ ❷で（　⑧　）場合，「素数ではありません」という表示と，最初に（⑧）ときの「割った数」と「商」を表示し，処理を終了する。

❹ ❷ですべて（　⑨　）繰り返し処理が終了した場合，「素数です！」と表示する。

【語群】　ア．1　　　　　イ．2
　　　　　ウ．割り切れた
　　　　　エ．割り切れなかった
　　　　　オ．割り切れて　カ．割り切れずに

③ シナリオ化

A

入力されたデータを変数 x に代入する。

B

x の値（文字列型）を整数型に変換し，変数 num に代入する。

C

変数 flag に False（偽）を代入する。

D

変数 i が 2 から num − 1 まで処理を繰り返す。※

E

num が i で割り切れるか，つまり，num を i で割った余りが 0 と等しいかどうかを判断する。

F

Yes の場合，変数 flag に True（真）を代入する。

G

「素数ではありません」，割った数 i，商 num // i を表示し，ループを終了する。

H

変数 flag が False（偽）かどうか判断する（すべての i で割れることなくループが終了した場合，flag は False のままとなる）。

I

Yes の場合，「素数です！」と表示する。

※ここでは，説明を簡単にするため，ループの終了条件を「num − 1 まで」としているが，「num / 2 まで」または「$\sqrt{num}$ まで」としたほうが，無駄な除算を省くことができる。

④ フローチャート

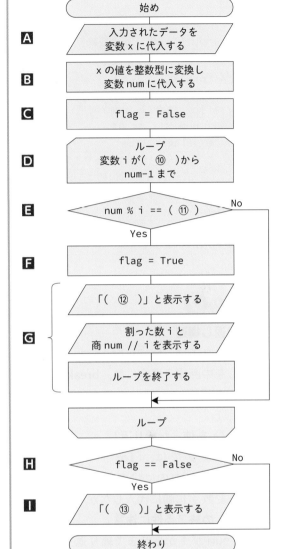

【語群】　ア. 0　　イ. 1　　ウ. 2
エ. num　　オ. 素数です！
カ. 素数ではありません

実行例 ▶

出力	2 以上の正の整数を入力してください
入力	367
出力	素数です！

出力	2 以上の正の整数を入力してください
入力	763
出力	素数ではありません 7 で割り切れました。商は 109 です

Python

```
A  x = input('2 以上の正の整数を入力してください')    # 質問を表示し，回答を入力させる
B  num = int(x)                                      # 入力した文字列を整数型に変換
C  flag = False                                      # フラグを False(偽)にする

D  for i in range(2, num):                           # 変数 i の値が 2 から num-1 まで繰り返す
E      if num % i == 0:                              # 変数 num が変数 i で割り切れた場合
F          flag = True                               # フラグを True(真)にする
G          print('素数ではありません')                 # 「素数ではありません」と表示
           print(i, 'で割り切れました。商は', num // i, 'です')  # 割った数と商を表示
           break                                     # 繰り返し処理を中断

H  if flag == False:                                 # フラグが False の場合
I      print('素数です！')                            # 「素数です！」と表示
```

チェック

1．繰り返し構造

Dブロックでは，for 文「for i in range(2, num):」で**繰り返し構造**を記述している。繰り返しを中断する場合には，**break 文**を使用する。

　繰り返し構造は，for 文のほかに while 文で記述することもできる(繰り返し構造の詳細は p.57 参照)。

・range() を使った繰り返し

　D ブロックでは，「for i in range(2, num):」として，range() のカッコ内に記述されている「2 から num の一つ前までの整数」を変数 i に順に代入しながら繰り返し処理が実行される。

3,4,…,num-1

・繰り返しの終了条件に注意

　「変数 num が 1 から 5 まで繰り返す」のように，整数の範囲を指定した繰り返しはさまざまな場面で使われるが，この場合の「5」が範囲に含まれるかどうかを間違えて，エラー(バグ)の原因になることが多いので注意が必要である。例えば，プログラミング言語の VBA で「For num = 1 To 5」と記述した場合，変数 num は 1, 2, 3, 4, 5 と変化し，5 を含むが，Python で「for num in range(1, 5):」と記述した場合，1 から 5 未満の整数が num に代入されるので，変数 num は 1, 2, 3, 4 と変化し，5 になることはない。

2．割り算の商と余り

　「A が B で割り切れる」は，「A を B で割ったときの余りが 0」と置き換えることができる。Python を含む多くのプログラミング言語では，a を b で割った場合の商は「a / b」，余りは「a % b」と記述する。「a // b」は Python 特有の記述方式で，a を b で割った商の整数部分のみを返す。**E**ブロックでは，「もし，num を i で割った余りが 0 に等しければ」，つまり「num が i で割り切れれば」という条件が記述されている。

エッセンス

１．フラグを使った制御

何らかの状態を真（Yes／True）または偽（No／False）で表す変数を用意し，その値の変化によって処理の流れを変える場合がある。このような使い方をする変数を**フラグ**（旗）と呼び，フラグを偽から真にすることを「フラグを立てる」という。

２．素数判定と効率のよいアルゴリズム

素数とは，１と自分自身以外に約数をもたない，１より大きい整数である（2，7，17など）。自分自身より１小さい数に到達するまで２から順に割っていき，一度も割り切れなければ素数である。しかし，一つでも割り切れれば素数でないことが確定するので，それ以降の割り算は必要ない。

プログラムの実行結果が同じでも，アルゴリズムによって効率のよさがまったく異なり，その違いが実行速度に影響する場合がある。さらに効率のよいアルゴリズムはないかと常に考え，改善していくことが大切である。

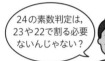
24の素数判定は，23や22で割る必要ないんじゃない？

半分未満の11まででよくない？

もし25だったら5×5=25で6以降は割らないわ。ということは，平方根未満の4まででいいの？

2以外の偶数は素数じゃないんだから，すぐわかるよね！

３．条件式

選択構造や繰り返し構造で使われる条件式は，その式が真か偽かでその後の処理の流れが決定する。この条件式の部分が「if x > 0:」のような式の形ではなく，「if flag:」のように変数となっている場合，「もし flag が真ならば」，つまり「if flag == True:」と同じ意味となる。また，「while True:」「while 1:」のような記述になっている場合，True や１自体が「真」を意味するので，その while 文は「無限ループ」，つまり無限に繰り返してしまうことになる。この場合，処理を中断するための条件式を必ず入れる（break で繰り返しを抜けることができる）。もし入れなければ，プログラムの実行を止めることができなくなる。

チャレンジ

１ 入力された正の整数について，正の約数をすべて表示するプログラムを作成しなさい。

２ **１**のプログラムを修正し，入力された正の整数が完全数※かどうかを判定するプログラムを作成しなさい。

※自分自身を除いた正の約数の総和が自分自身に等しくなる正の整数のことである。例えば，6(=1+2+3)，28(=1+2+4+7+14)などが完全数である。

1 簡易レジスターを作ろう ★

◎⌐ **キーワード** □リスト　□添字（インデックス）

文化祭の食品バザー販売担当になったけど…

計算面倒くさそう…

もう商品の価格全部 200 円均一にしちゃおうかな〜

え〜 それは安すぎない？

でも その場で計算したら間違えそう…

てかフツーに間違える未来しか見えないっ！！

そして行列ができるのだ

ズラ〜〜

それじゃレジプログラム作ろうか！

えっ！ ミカさん作ってくれるの！？

開発費はバッチリいただきまっせ！

ヒヒヒ

えーっ

マジで〜？

ウソウソ！いっしょに作ろう！

☀ 1 こうしたい！

次のような簡易レジスターを作りたい。
- メニュー番号が入力されたら，（ ① ）と（ ② ）を表示したい。
- 複数メニューの入力が終了したら，（ ③ ）を表示したい。

☀ 2 どうする

❶ 商品名のリストと商品価格のリストを，順番を対応させて作成する。

❷ メニュー一覧を表示する。

❸ 次の(1)，(2)の処理を繰り返す。

(1) 入力されたメニュー番号に対応する（①）と（②）を表示する。

(2) メニュー番号として0〜4の数字が入力されたら商品価格を合計金額に（ ④ ）する。0〜4以外の数字が入力されたら繰り返し処理を（ ⑤ ）する。

❹ 繰り返し処理を終了したら，(3)を表示する。

③ シナリオ化

A

リスト item に商品名，リスト price に商品価格を代入する。

B

メニュー一覧を表示する。

C

合計金額を表す変数 total に 0 を代入する。

D

繰り返し処理（ループ）を開始する。

E

入力されたデータを整数型に変換し，変数 num に代入する。

F

変数 num が 0 以上 4 以下かどうか判定する。

G

Yes の場合，指定された商品の商品名と商品価格を表示する。

H

変数 total に商品価格を加算する。

I

No の場合，繰り返し処理（ループ）を終了する。

J

繰り返し処理（ループ）の終了後，区切り線と変数 total を表示する。

④ フローチャート

```
始め
│
A   リスト item に商品名
    リスト price に商品価格を
    代入する
│
B   メニュー一覧を
    表示する
│
C   total = ( ⑥ )
│
D   ループ
│
E   入力データを整数型に
    変換し，変数 num に代入する
│
F   0 <= num <= 4 ──No──┐
    │Yes               │
G   指定された商品の       │
    商品名と商品価格を     │
    表示する             │
│                      │
H   変数（ ⑦ ）に        │
    商品価格を加算する     │
│                      │
    ループ             │
│                      │
                ループを終了する
│                      │
I   ←──────────────────┘
│
J   区切り線と
    変数（⑦）を表示する
│
終わり
```

実行例 ▶

出力　0：やきそば
　　　1：パスタ
　　　2：うどん
　　　3：そば
　　　4：そうめん
　　　メニュー番号 0 〜 4 を入力（それ以外で終了）

入力　2
出力　2 番 うどん 250 円
　　　メニュー番号 0 〜 4 を入力（それ以外で終了）

入力　4
出力　4 番 そうめん 300 円
　　　メニュー番号 0 〜 4 を入力（それ以外で終了）

入力　9
出力　＊＊＊＊＊＊＊＊＊＊＊＊＊＊＊＊＊＊＊
　　　合計金額は 550 円です

Python

```
A  item = ['やきそば', 'パスタ', 'うどん', 'そば', 'そうめん']      # 商品名リスト
A  price = [150, 200, 250, 250, 300]                              # 商品価格リスト

B  for i in range(0, 5):                        # i が 0 から 4 まで繰り返す
       print(i, ':', item[i])                   # メニューを表示

C  total = 0                                     # 合計金額を 0 にする

D  while True:                                   # 無限に繰り返す
E      x = input('メニュー番号 0 ～ 4 を入力 ( それ以外で終了 )')     # 入力値を変数 x に代入
E      num = int(x)                              # 変数 x を整数型に変換して変数 num に代入
F      if 0 <= num <= 4:                         # 入力が 0 以上 4 以下の場合
G          print(num, '番', item[num], price[num], '円')     # 商品名と商品価格を表示
H          total = total + price[num]            # 合計金額に価格を加算
       else:
I          break                                 # 繰り返し処理を終了

J  print('********************')                 # 区切り線を表示
   print('合計金額は', total, '円です')            # 合計金額を表示
```

チェック

1. リストの初期化と要素の追加

Python で複数の値をまとめて扱いたい場合には，**リスト**（p.29 エッセンス参照）を使う。リストの一つひとつの値を**要素**といい，上記のプログラムでは，リストの要素を次のようにセットしている。

```
price = [150, 200, 250, 250, 300]
```

次のように空のリストを作成し，append() を使用して要素を追加することもできる（詳細は p.36 参照）。

```
price = []              # 空のリストを作成
price.append(150)       # 150 をリストに追加
price.append(200)       # 200 をリストに追加
      ⋮                         ⋮
```

2. 範囲指定の条件式

F ブロックでは「num が 0 以上 4 以下」という条件を「0 <= num <= 4」と記述している。これは Python 特有の記述方法で，多くのプログラミング言語では「num >= 0 and num <= 4」のように論理演算子（and や or）を使って記述しなければならない。Python でも and を使った記述はできるが，**F** ブロックの記述方法のほうが簡潔でわかりやすい。

1. リスト

　リストは,「複数の変数をまとめて一つの名前で扱うことができるもの」と考えるとわかりやすい。⑤のプログラムでは, 5種類の商品価格を扱っているが, これを変数だけで処理しようとするとどうなるだろうか。それぞれの商品価格について, price_yakisoba, price_pasta, …のように一つずつ変数を用意しなければならず, プログラム作成時に手間がかかり, プログラムの修正をする際の効率も悪くなる(リストの詳細は p.59 参照)。

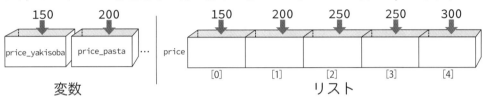

2. リストと添字(インデックス)

　リストでは, **リスト名**(リスト全体を表す名前)と**添字**(リスト内での要素の位置を表す番号。**インデックス**ともいう)を使ってそれぞれの要素を操作する。例えば, 添字が 0 から始まるプログラミング言語では, price[3] と記述すれば, リストの 4 番目の要素にアクセスできる。

　Python をはじめとする多くのプログラミング言語では, 添字が 0 から始まることに注意が必要である。例えば, 五つの要素をもつリスト price の場合, 添字は 0 ～ 4 であるため, 末尾の要素は price[4] となる。これを price[5] と記述すると, 存在しない要素にアクセスすることになり, 「index out of range」(添字が範囲外)のようなエラーが表示される。

3. リストと繰り返し構造

　リストと繰り返し構造を組み合わせると, より簡潔な記述が可能となる。例えば, 5 人の生徒の得点リスト score の合計 total を求める場合, 次のように添字を変化させながら, リスト score の値を変数 total に加算することで, 数行で簡潔に記述できる。

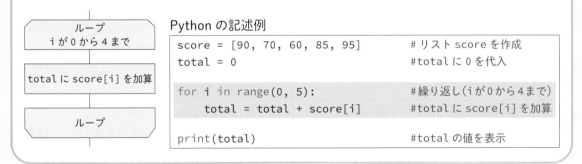

Python の記述例

```
score = [90, 70, 60, 85, 95]      # リスト score を作成
total = 0                         # total に 0 を代入

for i in range(0, 5):             # 繰り返し(i が 0 から 4 まで)
    total = total + score[i]      # total に score[i] を加算

print(total)                      # total の値を表示
```

1 ⑤のプログラムに商品を一つ追加し, 正しく注文が処理されるよう修正しなさい。

2 ⑤のプログラムを, 注文番号をリストに保存しておき, 合計を表示するとき, 注文番号の一覧を合わせて表示するよう修正しなさい。

2 国別コードのクイズを作ろう

◎⚷ キーワード □ディクショナリ（辞書） □キー □値 □モジュール □ライブラリ

1 こうしたい！

- クイズ形式で国別コードが表示され，国名を入力すると，次の表のデータを使用して正誤が判定されるようにしたい。

国別コード	国　名
jp	（　①　）
us	（　②　）
fr	（　③　）
uk	（　④　）
nl	（　⑤　）
nz	（　⑥　）

2 どうする

❶ （　⑦　）と（　⑧　）がセットになったクイズ用のデータを作成する。

❷ データから（⑦）をランダムに一つ選び，クイズを出題する。

❸ （⑧）を回答として入力する。

❹ 入力された解答の正誤判定を行い，結果を出力する。

③ シナリオ化

A
国別コード（キー）と国名（値）がセットになったディクショナリ（p.32 参照）を作成する。

B
ディクショナリからすべての国別コードを取り出してリストを作成する。

C
リストから国別コードをランダムに一つ取り出す。

D
取り出した国別コードに対応する国名をディクショナリから取り出す。

E
取り出した国別コードからクイズを出題する。

F
解答を入力させる。

G
入力された解答と国名が同じか判断する。

H
解答と国名が同じとき「正解！」と表示する。

I
解答と国名が同じでないとき「残念！正解は●●」と表示する（●●には正しい国名が入る）。

④ フローチャート

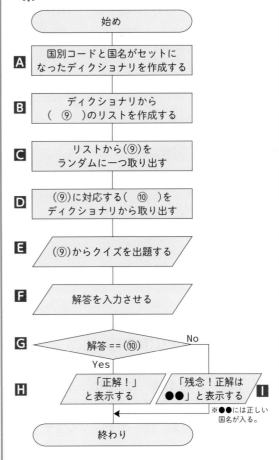

実行例 ▶

【正解の例】
- 出力　uk が国別コードの国は？
- 出力　解答入力⇒
- 入力　イギリス
- 出力　正解！

【不正解の例】
- 出力　nl が国別コードの国は？
- 出力　解答入力⇒
- 入力　ニュージーランド
- 出力　残念！正解はオランダ

🌟5 プログラム

```
      import random                      #random モジュールをインポート
A  dict = {'jp':'日本', 'us':'アメリカ',   # ディクショナリを作成
          'fr':'フランス', 'uk':'イギリス',    # （キー：国別コード，値：国名）
          'nl':'オランダ', 'nz':'ニュージーランド'}
B  keys = list(dict.keys())            # 国別コードのリストを作成
C  key = random.choice(keys)          # ランダムに国別コードを選択
D  value = dict[key]                   # 国別コードに対応する国名の取り出し
E  print(key, 'が国別コードの国は？')      # クイズを出題する
F  a = input('解答入力⇒')               # 解答を入力させる

G  if a == value:                      # もし解答と国名が等しければ
H      print('正解！')                  # 等しい場合(正解)の処理
   else:
I      print('残念！正解は', value)      # 異なる場合(不正解)の処理
```

チェック

1. ディクショナリ(辞書)

　ディクショナリ(辞書)は，リストのように複数の要素をまとめて扱えるが，リストとは異なり，{ キー 1: 値 1, キー 2: 値 2, …}のように，「{」と「}」の間に，**キー**と**値**を「:」で挟んでセットにした要素を「,」で区切ることで定義する。キーや値には，数値や文字列などを指定できる。なお，同一のディクショナリにおいて，キーを重複させることはできない。

ディクショナリの操作	使用例
「test」という名前の ディクショナリの作成例	test = {'国語':83, '数学':76, '理科':85, '社会':97, '英語':92}
キーに対応する値の 取り出し方の例	取り出し方 test['数学'] 76
すべてのキーの 取り出し方の例	取り出し方 test.keys() dict_keys(['国語', '数学', '理科', '社会', '英語'])
すべての値の 取り出し方の例	取り出し方 test.values() dict_values([83, 76, 85, 97, 92])

2. モジュール／ライブラリ

　Python には，特定の用途のために用意されたプログラム群(プログラムの集まり)があり，これを**モジュール**や**ライブラリ**と呼ぶ。モジュールを使用したい場合は，プログラムの先頭でimport に続けて使用したいモジュール名を入力する。

　Cブロックの「random.choice(keys)」では，random モジュールに含まれている choiceというプログラムを使用することで，リスト keys からキーをランダムに一つ選択するという動作を実行している。

エッセンス

1. 複数の要素を扱う型

　多くのプログラミング言語では，複数の要素をまとめて扱うことができる型（入れ物）が用意されていることが多い。ここでは，おもな型として，**リスト／配列**，**タプル**，**ディクショナリ（辞書）**，**集合**の4種類を，Python のプログラム例とともに紹介する。

型	説明	使用例（Python）

リスト／配列	リスト／配列の作成後に要素の挿入や削除ができ，添字（インデックス）を使用して各要素にアクセスする。
	リストは作成後に要素数を変更でき，異なるデータの型を保持できる。一方，配列は作成後に要素数を変更できず，保持できるのは同じデータの型のみという特徴がある。なお Python では，配列ではなくリストを標準で使用する。
		```list = ['a', 'b', 'c', 'd', 'e']```
		```print(list[1])```
		出力 b

タプル	タプルの作成後は要素の挿入や削除ができない。そのため誤って要素を削除することを避けたいとき，配列やリストではなくタプルを使用することがある。添字（インデックス）を使用して各要素にアクセスする。	```tuple = ('A', 'B', 'C', 'D', 'E')```
		```print(tuple[2])```
		出力 C

ディクショナリ（辞書）	ディクショナリは，キーと値をセットにした要素から構成され，添字（インデックス）ではなくキーを使用して値にアクセスする。プログラミング言語により，連想配列，ハッシュ，マップなど呼び方は異なる。	```dict = {13:'Tokyo', 27:'Osaka', 40:'Fukuoka', 26:'Kyoto', 23:'Aichi'}```
		```print(dict[23])```
		出力 Aichi

集合	集合は，和集合，積集合，差集合などの集合演算を簡単に計算することができる。一つの集合において，要素を重複させることはできない。	```a = {1, 2, 3}```
		```b = {2, 3, 4}```
		```print(a | b)```
		出力 {1, 2, 3, 4}

チャレンジ

　◉のプログラムは，「国別コードから国名を答えるクイズ」であるが，ディクショナリの要素を変更せずに，「国名から国別コードを答えるクイズ」になるようプログラムを変更しなさい。

3 食品バザーのメニューを提案しよう

⊙━ キーワード □ネスト（入れ子） □乱数

1 こうしたい！

・味リストと麺リストのすべての組み合わせを格納した食品バザーリストから，食品バザーで出品するメニューを提案させたい。

（ ① ）リスト	（ ② ）リスト
醤油	やきそば
味噌	パスタ
豚骨	うどん
塩	そば
チーズ	そうめん

※組み合わせの総数：（ ③ ）通り

2 どうする

❶ （①）リストと（②）リストをそれぞれ作成する。

❷ （①）リストと（②）リストのすべての組み合わせから（ ④ ）リストを作成する。

❸ （④）リストの中から，ランダムに一つのメニューを出力する。

③ シナリオ化

A
味リスト a を作成する。

B
麺リスト b を作成する。

C
食品バザーリスト c を空の状態で作成する。

D
味リスト a の要素を順に変数 aji に代入する。

E
麺リスト b の要素を順に変数 men に代入する。

F
変数 aji と変数 men の値を順に組み合わせて，食品バザーリスト c に格納する。

G
食品バザーリスト c のリスト長(リストの要素数)の中から乱数を発生させる。

H
発生させた乱数を使用し，食品バザーリスト c の中からメニューを一つ表示する。

④ フローチャート

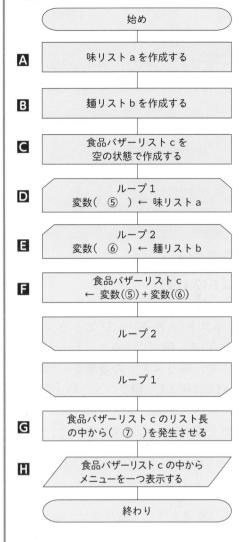

実行例 ▶

例 1
　豚骨うどん はいかがでしょうか？

例 2
　味噌そば はいかがでしょうか？

例 3
　チーズそうめん はいかがでしょうか？

Python

```
    import random                                   #random モジュールをインポート
A   a = ['醤油', '味噌', '豚骨', '塩', 'チーズ']          # 味リスト a を作成
B   b = ['やきそば', 'パスタ', 'うどん', 'そば', 'そうめん']     # 麺リスト b を作成
C   c = []                                          # 食品バザーリスト (空の状態) を作成

D   for aji in a:                                    # 味リスト a の要素を変数 aji に代入
E       for men in b:                                # 麺リスト b の要素を変数 men に代入
F           c.append(aji + men)                      # 食品バザーリストに「味＋麺」を追加

G   d = random.randrange(len(c))                     # 食品バザーリストのリストの長さをもとに乱数を発生
H   print(c[d], 'はいかがでしょうか？')                    # 食品バザーリストからメニューを一つ表示
```

チェック

1. ネスト(入れ子)

上記のプログラムでは，for 文の中に for 文をネスト(入れ子)(p.37 エッセンス参照)している。Dブロックの「for aji in a:」で，味リスト a の要素を一つずつ変数 aji に代入し，Eブロックの「for men in b:」で，麺リスト b の要素を一つずつ変数 men に代入している。変数 aji と変数 men の要素を掛け合わせることで，すべての組み合わせ 25 個(5 × 5)のメニューを食品バザーリスト c に格納している。

味リスト (5 パターン)		麺リスト (5 パターン)		食品バザーリスト (25 パターン)
醤油		やきそば		醤油やきそば
味噌		パスタ		醤油パスタ
豚骨	×	うどん	=	醤油うどん
塩		そば		醤油そば
チーズ		そうめん		醤油そうめん
				味噌やきそば
				⋮
				チーズそば
				チーズそうめん

2. リストへの要素の追加

リストに要素を追加する場合は，append() や insert() を使用する。上記のプログラムのFブロックでは，「c.append(aji + men)」とすることで，味リスト aji と麺リスト men のすべての組み合わせを食品バザーリスト c に追加している。なお append() を使用した場合は，リストの末尾に要素が追加されるが，insert() を使用すると，指定した位置に要素を挿入することができる。例えば，「c.insert(2, aji + men)」とすると，食品バザーリスト c の 2 番目の要素の次の位置に「aji + men」が挿入される。

3. randrange() と len()

random モジュールに含まれる randrange() は，指定された範囲からランダムに要素を返す。例えば，「random.randrange(10)」とすると，0 ～ 9 の 10 個の中からランダムに一つの数値(**乱数**)を選択する。

len() は，リストや文字列などからサイズ(要素数や文字数)を取得する。Gブロックでは，これら randrange() と len() を組み合わせて「random.randrange(len(c))」とし，食品バザーリスト c のリストの長さ(リストの要素数)である 25，つまり 0 ～ 24 の 25 個の中からランダムに一つの数値を選択している。

1．ネスト（入れ子）を使いこなそう

　プログラミングにおける**ネスト（入れ子）**とは，ある構文の内部にもう一つの構文を重ねたものをいう。for 文の中に for 文を重ねたり，if 文の中に if 文を重ねたりすることや，同じ構造でなくとも，for 文の中に if 文を重ねたり，while 文の中に if 文を重ねたりすることもネストの一種である。次に，for 文と for 文，for 文と if 文を組み合わせたプログラム例を紹介する。

（ア）for 文と for 文の組み合わせ

　プログラム例：全校生徒の四桁番号（例：1603, 2123, 3540 など）をクラスごとに区切って表示する　※プログラムは 6 クラス／学年，40 人／クラスの場合（全校生徒 720 人）

```
for a in range(1, 4):            # a は 1 から 3 までの数値（学年）
    for b in range(1, 7):        # b は 1 から 6 までの数値（クラス）
        print(a,'年', b, '組')    # クラスの区切りには「○年△組」と表示
        for c in range(1, 41):   # c は 1 から 40 までの数値（出席番号）
            print(a * 1000 + b * 100 + c)  # 四桁番号を表示
```

（イ）for 文と if 文の組み合わせ

　プログラム例：西暦 2000 年から西暦 3000 年までのうるう年を表示する

【うるう年の条件】
- ・条件①：4 で割り切れる年はうるう年
- ・条件②：ただし，100 で割り切れる年はうるう年ではない
- ・条件③：ただし，400 で割り切れる年はうるう年

```
for year in range(2000, 3001):   # year は 2000 から 3000 までの数値（年）
    flag = False

    if year % 4 == 0:            # 4 で割り切れるか判定（条件①）
        flag = True              # 条件①を満たせばフラグを True に
        if year % 100 == 0:      # 100 で割り切れるか判定（条件②）
            flag = False         # 条件②を満たせばフラグを False に
            if year % 400 == 0:  # 400 で割り切れるか判定（条件③）
                flag = True      # 条件③を満たせばフラグを True に
    if flag == True:             # フラグの判定（True のときがうるう年）
        print(year)              # フラグが True であれば year を表示
```

チャレンジ

　◉5 のプログラムに，右表を参考に新たな「具リスト」を追加し，三つのリストをすべて組み合わせた食品バザーリストの中から，メニューを一つ提案するプログラムに変更しなさい。なお，組み合わせるリストの順番は，「味リスト」，「具リスト」，「麺リスト」の順とする（例：チーズきのこパスタ）。

具リスト （4 パターン）
肉
野菜
きのこ
サラダ

4 最大値と最小値を同時に求める オリジナルの関数を作ろう ★

キーワード □関数 □引数 □戻り値 □組み込み関数 □ユーザ定義関数

ねぇミカさん 前に授業で for文って習った よね

うん

それを使ってテストの 最高点と最低点を 求めるプログラムを 作ったんだ！

えー！ すごいね！

ただ リストごとに 計算プログラムを コピーしなきゃ いけないのが面倒 なんだよね…

そういうときは 作成した プログラムを 関数にすると いいよ！

関数…？ 数学みたいで ムズかしそう…

まぁ 考え方は 似てるかな

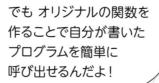

でも オリジナルの関数を 作ることで自分が書いた プログラムを簡単に 呼び出せるんだよ！

そうなの？ それは 便利じゃん！

よーし やってみるぞー！

オー！

1 こうしたい！

・オリジナルの（ ① ）を定義し，テストの 点数を格納している（ ② ）から最大値 （最高点）と最小値（最低点）を求めたい。

例：テストの点数

国語	数学	社会	理科	英語
83	92	63	78	94

最大値：94
最小値：63

2 どうする

❶ リストの値から最大値（最高点）と最小値 （最低点）を求める（①）を定義する。

❷ テストの点数を格納した（②）を作成する。

❸ （①）を呼び出し，（②）の値から最大値（最 高点）と最小値（最低点）を求める。

③ シナリオ化

【関数 calc の定義】

A

最大値と最小値の計算を行う関数 calc の定義を開始する。関数の引数には変数 test を指定する。

B

変数 max_test に 0 を代入して初期化する。

C

変数 min_test に 100 を代入して初期化する。

D

リスト test の値を一つずつ変数 i に代入して繰り返し処理（ループ）を行う。

E

変数 max_test と変数 i を比較する。

F

Yes なら変数 max_test に変数 i を代入する。

G

変数 min_test と変数 i を比較する。

H

Yes なら変数 min_test に変数 i を代入する。

I

関数 calc の定義を終了し，変数 max_test と変数 min_test を戻り値として返す。

【プログラムのメイン処理】

J

リスト test を作成する。

K

リスト test を引数とし，最初に定義した関数 calc を呼び出す。

L

呼び出した関数 calc の戻り値を最大値，最小値として表示する。

実行例 ▶

最大値： 94　最小値： 63

④ フローチャート

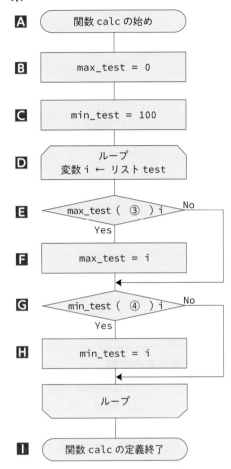

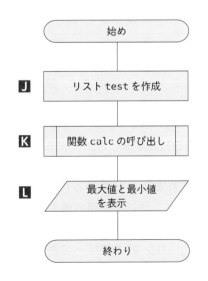

5 プログラム

```
A   def calc(test):          # 関数 calc を定義する（引数には変数 test を指定）
B       max_test = 0         # 変数 max_test に 0 を代入
C       min_test = 100       # 変数 min_test に 100 を代入

D       for i in test:       # リスト test の値を変数 i に代入して繰り返し
E           if max_test < i: # もし変数 max_test よりも変数 i のほうが大きければ
F               max_test = i # 変数 max_test に変数 i を代入
G           if min_test > i: # もし変数 min_test よりも変数 i のほうが小さければ
H               min_test = i # 変数 min_test に変数 i を代入
I       return  max_test, min_test   # 変数 max_test と変数 min_test を戻り値として返す

J   test = [83, 92, 63, 78, 94]      # テストの点数を格納したリスト test を作成
K   a, b = calc(test)        # 関数 calc を呼び出し，戻り値を変数 a，b に代入
L   print('最大値 :', a, '最小値 :', b)  # 最大値と最小値を表示
```

チェック

1．ユーザ定義関数の定義

　Python では，**ユーザ定義関数**（p.41 エッセンス参照）を def を用いて次のように定義する。上記の K ブロックでは，関数 calc に**引数**としてリスト test を渡し，関数が計算した最大値と最小値を戻り値として変数 a と変数 b にそれぞれ代入している。なお，Python では，プログラムの中で関数を呼び出すより前の位置で関数を定義していないとエラーになる。

引数と戻り値がある場合	引数と戻り値を省略した場合
def 関数名 (引数 1，引数 2，…): 　　処理 　　return 戻り値 1，戻り値 2，…	def 関数名 (): 　　処理

2．複数の戻り値の処理

　多くのプログラミング言語では，関数の戻り値には一つの値しか指定することができないが，Python では上の「return 戻り値 1，戻り値 2，…」のように，関数の戻り値に複数の値を指定することができる。上記のプログラムでは，関数が max_test と min_test の二つの戻り値を返し，それぞれ変数 a と変数 b に代入している。なお，Python において二つ以上の戻り値を変数に代入する場合は，「a，b = calc(test)」のように，戻り値を代入する変数を「，」（コンマ）で区切って表記する。

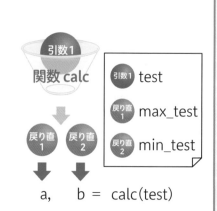

1．関数と引数と戻り値

　数学において，例えば，$f(x) = 2x + 3$ という式に $x=4$ を与えると，答えは $f(4)=11$ となる。プログラミング言語でも，この関数 $f(x)$ のように，まとまったプログラムの処理を一つの**関数**として定義することができる。プログラミング言語では，$x=4$ の 4 のように関数に対して渡す値を**引数**と呼び，$f(4)=11$ の 11 のように関数から返ってくる値（計算結果）を**戻り値**と呼ぶ。ただし，プログラミング言語における関数では，引数や戻り値を省略できるという点で数学の関数とは異なる。

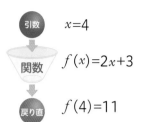

引数　$x=4$

関数　$f(x)=2x+3$

戻り値　$f(4)=11$

2．組み込み関数とユーザ定義関数

　⑤のプログラムの関数 calc のように，ユーザが自由に作成した関数を**ユーザ定義関数**と呼ぶ。一方，プログラミング言語には，あらかじめ用意されている関数もあり，これを**組み込み関数**と呼ぶ。次の表は，これまでに出てきたものを含めて Python の組み込み関数の例を示したものである。⑤の最大値と最小値を求めるプログラムは，Python ではそれぞれ max() と min() という組み込み関数で定義されている。なお，ユーザ定義関数において，組み込み関数と同じ関数名を定義することはできないため，例えば，「def max():」と定義すると，エラーになったり思わぬ不具合のもとになったりする。

関数名	説明	関数名	説明
abs()	引数の絶対値を計算する。	len()	引数の要素数を返す。
max()	引数の最大値を計算する。	int()	引数を整数型に変換する。
min()	引数の最小値を計算する。	str()	引数を文字列型に変換する。
sum()	引数の合計を計算する。	print()	引数をテキストで表示する。

3．グローバル変数とローカル変数

　関数を使用する場合，変数が使える範囲（これを**スコープ**と呼ぶ）を考慮しなければいけない。右の図のように，関数の外で定義した変数 a を**グローバル変数**と呼び，関数の内外にかかわらず使用することができる。一方，

```
# 変数 a はグローバル変数          変数 a を使用できる範囲
a = 2

# 変数 b はローカル変数    変数 b を使用できる範囲
def sample(b):
    return a * b

# 「6」が出力される
print(sample(3))
```

関数の中で定義した変数 b を**ローカル変数**と呼び，関数の外からは使用することができない。例えば，上図のプログラムでは，関数の外から変数 b を参照しようとするとエラーになる。このようにプログラムで関数を使用する場合は，変数がグローバル変数なのかローカル変数なのかを意識する必要がある。

　最大値，最小値，平均値の三つを戻り値として返す関数になるよう⑤のプログラムを修正し，テストの点数のリストから最大値，最小値，平均値を同時に出力しなさい。

付録　Python 操作説明編

1．Python（パイソン）とは

　Python は，オランダ出身のグイド・ヴァンロッサムが開発したプログラミング言語である。「文法がシンプルでわかりやすい」「オープンソースで誰でも無料で利用できる」「さまざまな OS に対応している」といった特長がある。また，Python は開発に役立つプログラムをまとめた「ライブラリ」が数多く用意されており，これらを活用することで，自分が作りたいと思うプログラムを簡単に作成することができる。

　Python は，「Instagram」「YouTube」「Dropbox」などの有名な Web アプリケーションの開発に使用されているだけでなく，「データ分析」「深層学習」「センサや通信の制御」など，幅広い分野で利用されている。

　Python を使用するには，最初に Python.org より使用するコンピュータに合った Python をダウンロードし，それをインストールする必要がある（インストールを必要とせず，Web ブラウザ上で動作するものもある）。

2．Python のダウンロード

① Web ブラウザを起動する。本書では Microsoft Edge を例に説明する。

②アドレスバーに https://www.python.org/ と入力し，　Enter　キーを押す。

⌂　🔒　https://www.python.org/

③ Pyhon.org の Web サイトが表示される。［Downloads］の箇所にマウスポインタを合わせ，表示されたメニューの中からインストールするコンピュータの OS を選択する。

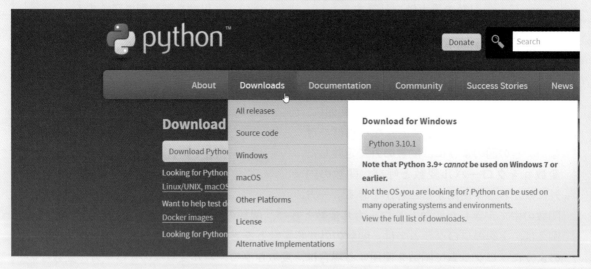

　なお，本書では Windows10（64 ビット版）で Python を使用することを前提にダウンロードの方法を紹介する。

④マウスポインタを［**Windows**］に合わせ，クリックする。

⑤ Windows 用の Python をダウンロードするページに切り替わる。
ここでは［**Download Windows installer(64-bit)**］をクリックする。

【参考】
　表示されたページでは，さまざまなインストール方法を選択できるようになっている。

※ 2021 年 12 月末現在の最新版は Python3.10.1 である。

付録

⑥ダウンロードが開始される。指定した任意の保存場所にファイルを保存する。
※特に指定しないときには，［**ダウンロード**］フォルダにファイルが保存される。

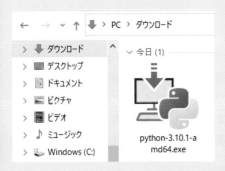

3．Python のインストール

①保存場所にある［python-3.10.1-amd64.exe］をダブルクリックすると，インストーラが起動する。
②［Add Python 3.10 to PATH］にチェックを入れ，［Install Now］をクリックする。

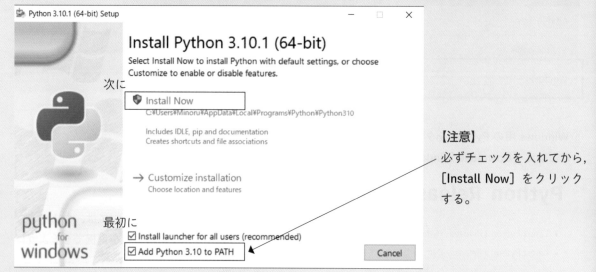

【注意】
必ずチェックを入れてから，
［Install Now］をクリック
する。

③インストールが完了すると，下記の画面が表示される。 Close をクリックし，終了する。

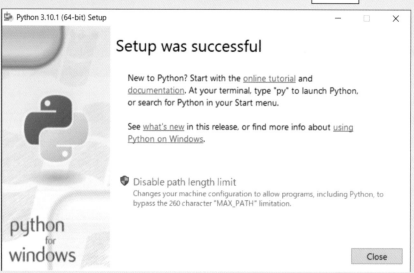

4．IDE とは

　IDE(Integrated Development Environment)とは，プログラミングに必要なソフトウェアを組み合わせ，同じ操作画面から統一して利用できるようにしたもので，**統合開発環境**ともいう。一般的には，ソースコードを記述する**テキストエディタ**，ソースコードからプログラムを生成する**コンパイラ**，コードの誤りを見つけて修正する**デバッガ**などを一つにまとめたものをいう。Python は，記述したコードを一つずつ実行するタイプの言語であるため，IDE はテキストエディタとプログラムを実行する環境を用意したものが多い。代表的なソフトウェアを紹介する。

・IDLE(Python と一緒に自動的にインストールされる)
・Jupyter Notebook(Python のパッケージをアップグレードし，インストールする)
・Google Colaboratory(https://colab.research.google.com/)
・Visual Studio Code(https://code.visualstudio.com/)

5．IDLE の基本操作

　本書では，IDE として Python に標準で付属している IDLE（アイドル）を使用する。IDLE はプログラムの実行結果を表示する「シェルウィンドウ」とプログラムを編集する「エディタウィンドウ」の2種類で構成されている。IDLE の基本的な操作は次のとおりである。

（1）IDLE の起動

　［スタート］-［Python 3.10］-［IDLE(Python 3.10 64-bit)］をクリックする。タイトルバーに「Python 3.10.1 Shell」とあるシェルウィンドウが表示される。

（2）エディタウィンドウの表示

　シェルウィンドウのメニューバーにある［File］-［New File］をクリックする。プログラムを記述するエディタウィンドウが表示される。

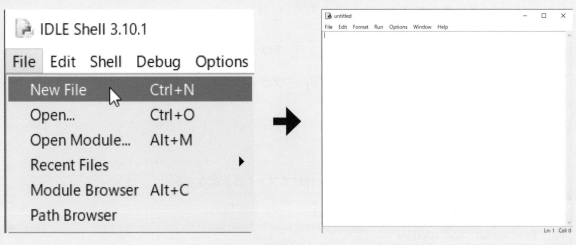

（3）プログラムの記述

　エディタウィンドウにプログラムを記述する。

（4）コメント

コメントとは，プログラムの中に記述する説明やメモのことである。コメントを入力しておくと，後でプログラムを編集するときに，どのような処理をしていたのかを思い出しやすい。また，ほかの人がプログラムを見たときにも処理内容がわかりやすくなる。

Python でコメントを入れるときには「#」を使用する。「#」から行末までの記述は実行時に無視される。「#」を行頭に書いた場合には，その行すべてがコメントと見なされるため，実行時には無視される。

コメントを記述するときは，「#」の後は半角スペースを一つ入れる。また，文とコメントの間は少なくとも半角スペースを二つ入れる。なお，半角スペースを入れなくても動作するが，半角スペースを入れることは，Python のプログラムを記述する上での推奨ルールとなっている。

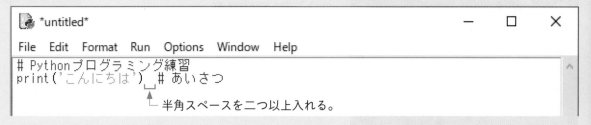

（5）インデント

行頭の字下げを**インデント**といい，Python では，関数（p.49 参照）の定義や if 文（p.56 参照）を記述するときなどに，インデントを用いて処理のまとまりを表す。一般的には，行頭から半角 4 文字分の字下げを行う。字下げはスペースキーを 4 回押すか，Tab キーを使う。Tab キーは，初期設定では，1 度押すだけで半角 4 文字分の字下げとなる。インデントした範囲のことを**ブロック**と呼ぶ。

```
# if文の例
a = int(input('好きな数字を入力してください '))
b = 10
if a == b :
    print('正解')              ブロック
else:
    print('残念')
    print('またチャレンジしてください')   ブロック
print('プログラムを終了します')
```

➡➡はインデント（半角 4 文字の字下げ）

（6）プログラムの保存

［File］－［Save As...］をクリックし，名前を付けてファイルを保存する。

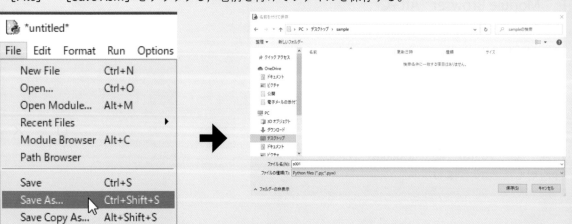

（7）プログラムの実行

①エディタウィンドウのメニューバーにある［Run］－［Run Module］をクリックするか，F5 キーを押す。

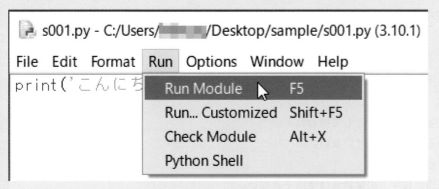

②シェルウィンドウに実行結果が表示される。

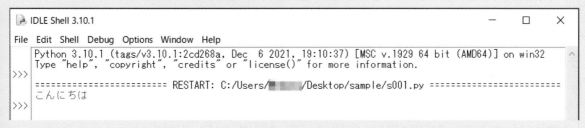

（8）IDLE の終了

シェルウィンドウまたはエディタウィンドウのメニューバーから［File］－［Exit］をクリックする。シェルウィンドウとエディタウィンドウの双方ともウィンドウが閉じ，IDLE が終了する。

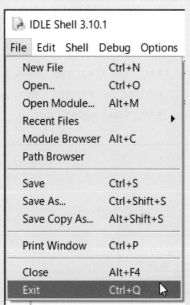

6．変数

　プログラムで使用する値を格納するための箱のようなものを**変数**という。変数を利用すれば，格納する値を入れ替えることができるため，複雑な処理を簡潔に記述することができる。

　Python は，事前に変数の宣言を行う必要がなく，使用する箇所で**変数名**を記述すれば変数を利用できる。

（1）変数名のルール

　変数に使用できる名前には，次のルールがある。

> ①変数名には半角英数字，アンダースコア（_）を使う。
> 　※英語の大文字と小文字は別の文字として扱われる。
> 　※全角文字は使用できるが推奨されていない。
> ②変数名は英文字で始める。
> 　※「数字のみ」や「先頭が数字」の変数名は使用できない。
> 　※アンダースコア（_）で始めることは可能だが推奨されていない。
> ③予約語は変数名として使用できない。

　予約語とは，Python で使用目的が決まっている語句であり，変数名として使用できない。

予約語一覧

> False, None, True, and, as, assert, async, await, break, class, continue, def, del, elif, else, except, finally, for, from, global, if, import, in, is, lambda, nonlocal, not, or, pass, raise, return, try, while, with, yield

　このほか，Python に標準で用意されている組み込み関数(p.50 参照)と同じ名前の変数を使用することもエラー発生の原因となるため，推奨されていない。

組み込み関数一覧

> abs, all, any, ascii, bin, bool, breakpoint, bytearray, bytes, callable, chr, classmethod, compile, complex, delattr, dict, dir, divmod, enumerate, eval, exec, filter, float, format, frozenset, getattr, globals, hasattr, hash, help, hex, id, input, int, isinstance, issubclass, iter, len, list, locals, map, max, memoryview, min, next, object, oct, open, ord, pow, print, property, range, repr, reversed, round, set, setattr, slice, sorted, staticmethod, str, sum, super, tuple, vars, zip, __import__

（2）変数への代入

　変数に値を格納することを**代入**といい，「=」を使って記述する。

データの種類	使用例	解説
数値	a = 10	変数 a に「10」を代入
文字列	b = 'こんにちは'	変数 b に「こんにちは」を代入

※文字列は「'」（シングルクォーテーション）または「"」（ダブルクォーテーション）で囲む。

(3) データの型

プログラミング言語では，一般的に変数を使用する前に，その変数に代入するデータの**型**を宣言する。Python の場合は，最初に変数に入れた値でその型が決まるため，事前に宣言しなくても変数を利用することができる。しかし，プログラムを作成するうえでデータの型を指定しなければいけない場合や，データの型をプログラムの途中で変更しなければいけない場合があるため，データの型を意識しながらプログラミングを行うとよい。おもなデータの型を確認しておこう。

おもなデータの型

データ型	内容	使用例
int	整数を表す型。	a = 10
float	実数を表す型。	a = 3.14
str	文字列を表す型。	a = 'こんにちは'
bool	真偽値(条件が成立しているかどうか)を表す型。 True または False のどちらかを表す。	a = True
list	複数の値を入れることができる型。 値の追加や削除ができる。 リストの詳細は p.59 を参照。	a = [10, 20, 30, 40, 50]
tuple	複数の値を入れることができる型。 値の追加や削除ができない。 タプルの詳細は p.61 を参照。	a = ('東京', '大阪', '福岡')
dict	キーと値の二つで一つの組になる型。 複数の組から構成される「ディクショナリ(辞書)」を表現する型。 キーと値の組は追加や削除ができる。 ディクショナリ(辞書)の詳細は p.63 を参照。	a = {'東京':10, '大阪':20}
set	集合を扱うための型。 値の追加や削除ができる。 集合の詳細は p.64 を参照。	a = set([10, 20, 30])

7. 関数

関数とは，あらかじめ定義されている処理を行い，その結果を返す機能である。Python の関数には，標準で用意されている**組み込み関数**とユーザが自ら作成する**ユーザ定義関数**がある。

一般的に，関数を利用するときは，**引数**(ひきすう)と呼ぶ値を関数に渡す。関数は受け取った引数に基づいて処理を行う。なお，関数は処理した結果を値として返す場合がある。この値を**戻り値**(もどりち)という。

【書式】

関数名(引数1, 引数2, 引数3, …)

（1）組み込み関数

組み込み関数とは，すぐに使用することが可能な Python に標準で用意されている関数のことである。よく利用される組み込み関数を紹介する。

出力を操作する関数

print 関数
（書式）　print(出力する内容)
（解説）　文字列や計算した結果などを，画面またはファイルに出力する。

【使用例】

例	コード	実行結果	解説
1	`print(10)`	10	カッコ内の数値が出力される。
2	`print('こんにちは')`	こんにちは	文字列を出力するときは「'」または「"」で囲む。
3	`print(100, '円')`	100 円	数値と文字列を並べて出力させるときは，「, 」（コンマ）を使って出力させる値を指定する。この場合，数値の後ろに半角スペースが表示される。
	`print('100' + '円')`	100 円	数値を「'」（シングルクォーテーション）または「"」（ダブルクォーテーション）で囲み，「+」を使って文字列として連結する。

4	`a = 10`
	`b = 20`
	`print(a)`
		10	変数 a に代入された値を出力。

	`print(a + b)`	30	変数 a と変数 b の足し算をした結果を出力。

※演算子「+」は，数値の場合は「足し算」，文字列の場合は「連結」となる。詳細は p.54 および p.55 を参照。

文字列を返す関数

str 関数
（書式）　str(文字列に変換する数値または変数)
（解説）　引数に指定した数値または変数を文字列に変換する。

【使用例】

コード	実行結果
`price = 100` `print('牛乳は' + str(price) + '円です')`	牛乳は 100 円です

（解説）

変数 price に代入されている値は数値である。print('牛乳は' + price + '円です') としても，このままでは + 記号による文字列の連結はできない。そこで str 関数を使って変数 price にある数値を文字列に変換し，前後の文字列と連結する。

ユーザと対話する関数

input 関数
（書式）　input('メッセージ')
（解説）　ユーザに入力を促すメッセージを表示する。 　　　　　ユーザが入力した文字列を返す。

【使用例】

コード	実行結果と入力操作
price = input('牛乳の価格を入力してください')	牛乳の価格を入力してください
	※ 100 と入力し，［ Enter ］キーを押す。
print('牛乳は' + price + '円です')	牛乳は 100 円です

（解説）

　input 関数に画面に表示したいメッセージを引数として渡す。ユーザが入力したデータは戻り値として返り，変数 price に代入される。なお，input 関数を使って入力した値のデータ型は文字列となる。そのため，変数 price に代入された値は，そのまま前後の文字列と連結することができる。

数値を返す関数

int 関数
（書式）　int(データ)
（解説）　引数に指定した数値または文字列を整数に変換する。 　　　　　実数が指定された場合は，小数点以下を切り捨てた整数になる。

float 関数
（書式）　float(データ)
（解説）　引数に指定した数値または文字列を実数に変換する。

【使用例】

コード	実行結果と入力操作
price = input('牛乳の価格を入力してください')	牛乳の価格を入力してください
	※ 100 と入力し，［ Enter ］キーを押す。
t_price = float(price) * 1.1	
t_price = int(t_price)	
print('牛乳は税込' + str(t_price) + '円です')	牛乳は税込 110 円です

（解説）

　消費税を 10% とし，入力した値から税込み価格を求める。input 関数を使用すると，ユーザが入力した値は文字列として返る。そのため計算に使用するときは，整数や実数などのデータ型へ変換する必要がある。そこで，float(price) で文字列を実数に変換し，1.1 倍にして税込み価格を求め，その結果を変数 t_price に代入する。t_price は小数点以下の値も含まれているため，str 関数で文字列に変換した場合は，そのまま小数点以下の値も表示される。そこで int 関数を使って t_price にある小数点以下の数値を切り捨てて整数にする。前後の文字列と連結させて画面に出力するため，str 関数を使って変数 t_price に格納されている数値を再び文字列に変換する。

（2）ユーザ定義関数

同じような処理をプログラムの中で何度も行うときは，関数にすると便利である。ユーザが自ら作成した関数をユーザ定義関数という。関数は次のように定義する。

関数の定義	
（書式）	（解説）
def 関数名 (引数 1，引数 2，引数 3，…): 　　関数で実行する処理 　　return 戻り値	関数で処理したい引数を「,」（コンマ）で区切る。インデントをしてから記述する。処理後に返す値を設定する（必要に応じて複数設定できる）。

関数の利用	
（書式）	（解説）
変数 = 関数名 (引数 1，引数 2，引数 3，…)	変数には，上記で定義した関数の戻り値が入る。

【使用例】

コード	実行結果
# 関数の定義	（ この行はコメントである ）
def plus(a, b):	
c = a + b	
return c	
# 関数の利用	（ この行はコメントである ）
d = plus(10, 20)	
e = plus(1.5, 4.6)	
print(d)	30
print(e)	6.1

（解説）

関数の定義

「# 関数の定義」より後の 3 行で，plus 関数というユーザ定義関数の定義を行っている。この例では，plus 関数は引数として a と b の値を受け取り，a と b を足し算した結果を戻り値として返すように設定している。

　関数の定義を行うとき，関数で実行する処理以降は，インデント（半角 4 文字分の字下げ）をしてから記述する。なお，一つのプログラムの中で複数の関数を定義できるが，関数の定義は，必ず**呼び出す箇所より先に記述**しなければならない。

関数の利用

「# 関数の利用」以降は，定義した plus 関数を利用した例である。ここでは，引数として渡した値が処理されて戻ってきた値（戻り値）を，変数 d と変数 e にそれぞれ代入し，print 関数を利用して画面に出力している。

8. エスケープシーケンス

　例えば，「It's mine」という文字列を表示する場合，「print('It's mine')」と記述すると，エラーが発生する。これは「'」（シングルクォーテーション）が出力したい文字列の中にもあることが原因で発生したエラーである。このようなときには**エスケープシーケンス**という表記方法を利用する。

　エスケープシーケンスを表す記号として，一般に「\」（バックスラッシュ）を使用するが，OS がWindows の場合は，「¥」（円記号）を使用する。

【使用例：Windows の場合】

例	コード	実行結果	解説
1	`print('It¥'s mine')`	It's mine	このほかエスケープシーケンスを使用せずに "It's mine" と，「"」（ダブルクォーテーション）を使って文字列全体を囲んで記述する方法もある。
2	`print('¥¥10,000')`	¥10,000	「¥」はエスケープシーケンスを表す記号である。そのため ¥10,000 と出力したい場合は，左のように記述する。なお，「print('¥10,000')」と記述した場合，実行結果は「・,000」となる。このほか「print(r'¥10,000')」と記述する方法もある。「r」は raw 文字列と呼ばれ，「¥」をエスケープシーケンスの記号として扱わず，一つの文字として扱う。
3	`print('1¥n2¥n3')`	1 2 3	¥n は改行の指示を表す。左のように記述すると，改行されて出力される。

【よく利用されるエスケープシーケンスと意味】

記号	Windows の場合	意味
\'	¥'	「'」（シングルクォーテーション）
\"	¥"	「"」（ダブルクォーテーション）
\\	¥¥	「\」（バックスラッシュ）（Windows の場合は「¥」円記号）
\n	¥n	改行
\t	¥t	タブ

　エスケープシーケンスを使うと，かえってプログラムが読みにくい場合は，「'」（シングルクォーテーション）または「"」（ダブルクォーテーション）を前後に三つずつ入力して囲むとよい。これを**三重引用符（三重クォート）**という。この場合，改行も含めて入力したとおりに出力される。

コード	実行結果
print('''桃太郎さん　桃太郎さん お腰につけた　きびだんご 一つわたしに　くださいな''')	桃太郎さん　桃太郎さん お腰につけた　きびだんご 一つわたしに　くださいな

9．演算子

　計算式で使用する記号のことを**演算子**という。使用するときは日本語入力をオフにし，必ず半角で入力する。なお，演算子の前後に半角スペースを入れても問題なく動作するので，入力したコードを読みやすくするために，一般的に演算子の前後に半角スペースを入れて記述することが多い。

　演算子には次のようなものがある。

【代入演算子】

　代入演算子とは，変数に値を代入する演算子のことで「=」(イコール)を使用する。これは左辺と右辺が等しいという意味ではなく，左辺に右辺の値を代入するという意味である。

演算子	内容	使用例	解説
=	左辺に右辺の値を代入	total = 0	変数 total に値 0 を代入。

【算術演算子】

演算子	内容	使用例	結果	解説
+	加算(足し算)	print(1 + 2) print(1 + 2.0)	3 3.0	整数と実数を足した結果や，整数と実数を引いた結果は，実数で表示される。
－	減算(引き算)	print(5 - 3) print(5 - 3.0)	2 2.0	
*	乗算(掛け算)	print(2 * 3)	6	
/	除算(割り算)	print(10 / 2)	5.0	結果は実数で表示される。
//	整数除算 (整数の割り算)	print(10 // 2) print(10 // 3)	5 3	小数点以下を切り捨てた割り算となる。
%	剰余	print(10 % 3)	1	割り算の余りを返す。
**	べき乗	print(2 ** 3)	8	a ** b で a の b 乗を返す。

【累算代入演算子(複合代入演算子)】

　累算代入演算子(複合代入演算子)を使用すると，通常の式を省略して記述することができる。

演算子	内容	使用例	通常の式	解説
+=	加算代入	x += 1	x = x + 1	x に x + 1 した値を代入。
-=	減算代入	x -= 1	x = x - 1	x に x - 1 した値を代入。
*=	乗算代入	x *= 5	x = x * 5	x に x × 5 した値を代入。
/=	除算代入	x /= 5	x = x / 5	x に x ÷ 5 した値を代入。
//=	整数除算代入	x //= 3	x = x // 3	x に x ÷ 3 した値から小数点以下を切り捨てて代入。
%=	剰余代入	x %= 3	x = x % 3	x に x ÷ 3 して生じた余りを代入。
**=	べき乗代入	x **= 5	x = x ** 5	x に x の 5 乗した値を代入。

【比較演算子】

左辺と右辺の二つの値を比較して判定する演算子である。条件によって処理を変えるときに使用する。条件が成立した場合は True，成立しない場合は False を返す。

演算子	内容	使用例	解説
==	左辺と右辺が等しい	a == b	a と b の値が等しい。
!=	左辺と右辺が等しくない	a != b	a の値と b の値は等しくない。
>	左辺が右辺より大きい	a > b	a の値は b の値より大きい。
>=	左辺が右辺以上	a >= b	a の値が b の値以上。
<	左辺が右辺より小さい(未満)	a < b	a の値が b の値より小さい。
<=	左辺が右辺以下	a <= b	a の値が b の値以下。
is	左辺と右辺が同じである	a is b	a と b は同じオブジェクトである。
is not	左辺と右辺は同じではない	a is not b	a と b は同じオブジェクトではない。
in	左辺の要素が右辺にある	a in b	a という要素が b に存在する。
not in	左辺の要素は右辺にない	a not in b	a という要素が b に存在しない。

（解説）

　　== 演算子ではオブジェクト(p.66 参照)の値が同じかどうかを判定するのに対し，is 演算子はオブジェクトが同じかどうかを判定する。

【論理演算子 (ブール演算子)】

複数の条件式を作成するときに使用する。

演算子	内容	使用例	解説
and	すべての条件を満たすとき True そうでなければ False を返す	a == 1 and b <= 5	a の値が 1 で，かつ b の値が 5 以下。
or	いずれかの条件を満たすとき True そうでなければ False を返す	a == 1 or b <= 5	a の値が 1，または b の値が 5 以下。
not	条件を「ではない」と否定 否定した条件どおりであれば True そうでなければ False を返す	not b <= 5	b の値が 5 以下ではない。

【文字列に使用する演算子】

演算子	内容	使用例	実行例
+	文字列をつなげる(連結)	name = '桃太郎' print(name + 'さん')	桃太郎さん
*	指定した回数だけ文字列を繰り返して表示する	word = 'ぽっ' print(word * 3 + '鳩ぽっぽ')	ぽっぽっぽっ鳩ぽっぽ

10. 基本構文
(1)条件分岐

if
（書式）
if 条件 :
条件が成立したときに実行する処理

【使用例】

コード	実行結果
if a < b: 　　print('b が大きいです ')	（条件が成立したときは下記を表示） b が大きいです

（解説）

　if 文を用いると条件に応じた処理が行える。条件は式や関数を用いて記述する。条件が成立したときに実行する処理は必ずインデントしてから記述する。インデントをしないで行頭から記述するとエラーになる。

if 〜 else
（書式）
if 条件 :
条件が成立したときに実行する処理
else:
条件が成立しないときに実行する処理

【使用例①】

コード	実行結果

if a < b:
　　print('b が大きい ')
else:
　　print('b は a と等しいか小さい ')
	（条件が成立したときは下記を表示）
	b が大きい
	（条件が成立しないときは下記を表示）
	b は a と等しいか小さい

【使用例②】

コード	実行結果

if a == b:
　　pass
else:
　　print('a と b は等しくありません ')
	（条件が成立したときは何も実行しない）
	（条件が成立しないときは下記を表示）
	a と b は等しくありません

（解説）

　else: を記述すると，条件が成立しないときの処理を記述することができる。else: は行頭から記述し，条件が成立していないときに実行する処理は必ずインデントしてから記述する。

　条件が成立時，あるいは条件不成立時に，何も処理をしない場合は pass と記述する。なお，pass の記述は省略することもできる。

if 〜 elif 〜 else
（書式）
if 条件1:
条件1が成立したときに実行する処理
elif 条件2:
条件2が成立したときに実行する処理
elif 条件3:
条件3が成立したときに実行する処理
（以下，条件の数だけ同様に記述）
else:
すべての条件が成立しないときの処理

【使用例】

コード	実行結果
if a < b:	（条件1が成立したときは下記を表示）
print('bが大きい')	bが大きい
elif a == b:	（条件2が成立したときは下記を表示）
print('aとbは等しい')	aとbは等しい
else:	（すべての条件が不成立の場合は下記を表示）
print('bが小さい')	bが小さい

（解説）

　elif は else と if を合わせたものを短縮した形で，条件によって処理が三つ以上に分岐する場合に使用することが多い。elif は行頭から記述し，条件が成立したときに実行する処理は必ずインデントしてから記述する。elif は必要な数だけ複数記述することができる。

　すべての条件が成立しないときの処理を記述する必要がないときは，else: を省略することができる。

（2）for 文による繰り返し処理

for
（書式）
for 変数 in オブジェクト:
繰り返し実行する処理

【使用例】

コード	実行結果
for i in range(3):	ぽっ
print('ぽっ')	ぽっ
print('鳩ぽっぽ')	ぽっ
	鳩ぽっぽ

（解説）

　for 文は指定した回数だけ処理を繰り返すときに使用する。変数は繰り返す数をカウントするのに使用し，オブジェクトに range() を使用した場合は () の中に繰り返す回数を指定する。繰り返す回数は range 関数（p.58 参照）を用いて指定することが多い。

繰り返し実行する処理は必ずインデントしてから記述する。Python はインデントされた部分が for 文で実行されるブロックと認識している。

range 関数
（書式）　range(開始する値，終了する値，増分)
（解説）　連続した数値のオブジェクトを作成する。 ・開始する値は省略可能である。 ・開始する値を指定しない場合，0 から開始する。 ・終了する値に指定した値未満(終了する値－1)までを生成する。 ・増分は増やす値が 1 ならば省略可能である。 ・増分には負の値を指定することができる。

【使用例】

コード	実行結果

``
for i in range(1, 10, 2):
    print(i)
``
	1
	3
	5
	7
	9

（3）while 文による繰り返し処理

while
（書式）
while 条件 : 　　　条件が成立している間は繰り返して実行する処理

【使用例①】

コード	実行結果

``
a = 1
while a <= 3:
    print(' ぽっ ')
    a = a + 1
print(' 鳩ぽっぽ ')
``
	ぽっ
	ぽっ
	ぽっ
	鳩ぽっぽ

（解説）

　while 文を用いると，条件が満たされている限り，インデントして記述したブロックの処理を繰り返し実行する。繰り返し処理を行う部分では，条件判定に使用する変数の値などを変更することで，次の条件判定のときに繰り返し処理を継続するか，while 文を終了するかが決まる。

【使用例②】

コード	実行結果
```\na = 0\nwhile True:\n print(' ぽっ ')\n a = a + 1\n if a >= 3:\n break\nprint(' 鳩ぽっぽ ')\n```	ぽっ ぽっ ぽっ 鳩ぽっぽ

（解説）

　while 文の条件には True や False を指定することもできる。True を指定した場合は，永遠に条件が成立することになる。この場合，while 文のループから抜けるには break を使用する。使用例②の場合は，if 文で条件を記述し，条件が成立した場合は break でループを抜けている。

11. リスト

　いままでに学習した int 型や str 型の変数は，一つの変数名に対して一つの値しか格納できない。しかし，**リスト**を用意すれば複数の値を一つのリスト名で格納しておくことができる。リストとは，用意した箱の中に仕切りがあり，その仕切りごとに値が格納されているものと考えるとよい。それぞれの仕切りの中に代入された値のことを**要素**という。要素は 0 から順番に番号が割り当てられた各仕切りの中に入る。この番号を**添字（インデックス）**という。添字を指定することで各要素を扱うことができる。リストを作成するときは，全体を [ ] で囲み，要素は「,」（コンマ）で区切る。リストから要素を参照するときは，リスト名の後に添字を [ ] で囲って指定する。

【使用例①】

コード	実行結果
```\na = [40, 60, 50, 70]\nprint(a[2])\n```	（リスト a に四つの要素を代入） 50

（解説）

　リスト a に四つの要素を代入後，リスト a の添字 2 を指定し，そこに格納されている値を表示している。添字は 0 から始まる。格納された値の先頭から 2 番目ではないことに注意する。

【使用例②】

コード	実行結果
```\nname = [' 桃 ', ' 金 ', ' 浦島 ']\nfor a in name:\n print(a + ' 太郎 ')\n```	（リスト name に三つの要素を代入） （name にある要素を一つずつ変数 a に代入） 桃太郎 金太郎 浦島太郎

（解説）

　for 文を使ってリスト name の中にある要素を一つずつ取り出して変数 a に代入し，文字列「太郎」と連結して出力している。

【使用例③】

コード	実行結果
`data = [80, 70, 55, 65, 75]`	（リスト data にテストの得点を代入）
`goukei = 0`	（変数 goukei を初期化）
`heikin = 0`	（変数 heikin を初期化）
`for a in data:`	（リスト data の値を一つずつ変数 a に代入）
`    goukei = goukei + a`	（変数 goukei に各要素の値を加算）
`heikin = goukei / len(data)`	（合計した値を要素数で割り, 変数 heikin に代入）
`print('平均は' + str(heikin) + '点')`	平均は 69.0 点

（解説）

リスト data にテストの得点を格納する。for 文を使って変数 goukei にリストから取り出した得点を一つずつ加算する。リストにあるすべての要素の加算が終わるとループを抜け, 平均点を算出する。平均点を算出するときに使用した len は関数で, リスト内にある要素数を数えている。

len 関数		
（書式） `len( 引数 )`		
（解説） 引数に指定したオブジェクトの長さや要素の数を取得する。引数には文字列やリスト, タプル, ディクショナリ(辞書)(p.63 参照)などのオブジェクトを指定することができる。		
コード	実行結果	解説
`print(len('Tokyo'))`	5	文字列 Tokyo は半角 5 文字である。
`print(len(['Tokyo', 'Nagoya', 'Kyoto']))`	3	リストには三つの要素がある。

【使用例④】

コード	実行結果
`data = [80, 70, 55, 65, 75]`	（リスト data にテストの得点を代入）
`tuika = [60, 90]`	（リスト tuika に 60 と 90 を代入）
`data = data + tuika`	（リスト data の要素の後にリスト tuika の要素を追加）
`print(data)`	`[80, 70, 55, 65, 75, 60, 90]`

（解説）

+ を使ってリスト同士を結合することができる。リストの要素を追加するときに用いる。

【使用例⑤】

コード	実行結果
`data = [80, 70, 55, 65, 75]`	（リスト data にテストの得点を代入）
`data.append(60)`	（リスト data の末尾に 60 を追加）
`print(data)`	`[80, 70, 55, 65, 75, 60]`

（解説）

append メソッドを使って, リストの末尾に要素を追加することができる。

append メソッド	
（書式） 操作対象 `.append( 引数 )`	
（解説） 引数に追加する要素を指定することで, 操作対象(この場合はリスト)の末尾に要素を追加できる。	

【使用例⑥】

コード	実行結果
`data = [80, 70, 55, 65, 75]`	（リスト data にテストの得点を代入）
`del data[1]`	（リスト data にある添字 1 の要素を削除）
`print(data)`	[80，55，65，75]

（解説）

del 文を使ってリストにある要素を削除することができる。

del	
（書式）	`del` 削除する変数やオブジェクト 1，削除する変数やオブジェクト 2，…
（解説）	del 文は変数やオブジェクトなどを削除するときに使用する。リストの場合は添字，ディクショナリ(p.63 参照)の場合はキーによって，削除したい要素を指定する。

【使用例⑦】

コード	実行結果
`data = [80, 70, 55, 65, 75]`	（リスト data にテストの得点を代入）
`a = sorted(data)`	（リスト data のデータを昇順に並びかえて変数 a に代入）
`print(a)`	[55，65，70，75，80]

（解説）

sorted 関数を使ってリストにある要素を昇順 (小さい順)に並び替えている。

sorted 関数	
（書式）	`sorted( 引数 )`
（解説）	引数には並び替えるリストを指定する。二つ目の引数に reverse ＝ True と指定するとリストを降順(大きい順)に並び替える。

コード	実行結果
`data = [80, 70, 55, 65, 75]`	（リスト data にテストの得点を代入）
`a = sorted(data, reverse = True)`	（リスト data のデータを降順に並び替えて変数 a に代入）
`print(a)`	[80，75，70，65，55]

12. タプル

　タプルは，リストと同じように複数の値をもつことができる。しかし，リストと違って一度定義をすると，後から値を変更したり，要素の追加や削除をしたりすることができない。要素が変わることがなく，誤って要素を書き換えることがないようにしたいとき，タプルを使用するとよい。

【使用例】

コード	実行結果
`a = (40, 60, 50, 70)`	（タプル a に四つの要素を代入）
`print(a[2])`	50

（解説）

　タプル a に値を代入するときは，( ) で要素を囲み，各要素は「,」(コンマ)で区切る。なお，定義するときの ( ) は省略することができるため，「a ＝ 40，60，50，70」と記述してもよい。2 行目の「print(a[2])」は添字 2 に格納されている値を表示している。添字は，リストと同様に 0 から始まる。

13. スライス

　スライスとは，文字列，リスト，タプルなどにあるデータの一部を，添字を用いて取り出す操作である。

スライス	
（書式）　変数名 [start:stop:step]	
（解説）　添字の区切りは「：」（コロン）を使う。	
start　　開始する添字	
stop　　 終了する添字＋1（指定した数値の一つ前までが範囲になるため）	
step　　 何個ごとに抽出するかを指定（省略すると一つずつ）	

【使用例①】

コード	実行結果
a = 'お腰につけたきびだんご一つ私にくださいな' print(a[11:13])	（変数 a に文字列を代入） 一つ

（解説）

　変数 a に文字列を代入後，変数 a の添字の 11 から 13 までを指定し，そこに格納されている値を出力している。添字は 0 から始まり，文字列の場合は 1 文字ずつ添字が割り当てられるため，添字 11 にある要素は「一」である。出力する範囲の終わりに指定する添字は「指定した数値の一つ前」までになる。つまり，ここでは 13 を指定したので添字 12 にある「つ」までを出力する。

【使用例②】

コード	実行結果
a = [0, 1, 2, 3, 4, 5, 6, 7, 8]	（リスト a に九つの要素を代入）
print(a[1:4])	[1, 2, 3]
print(a[1:8:2])	[1, 3, 5, 7]
print(a[:7])	[0, 1, 2, 3, 4, 5, 6]
print(a[7:])	[7, 8]
print(a[-1:-5:-1])	[8, 7, 6, 5]

（解説）

　リストにあるデータの一部を取り出す例である。リスト a に値を代入後，スライスを用いて，そこに格納されている値を出力している。

print(a[1:4]) は，添字 1 から添字 3 までの三つの要素を出力する。

print(a[1:8:2]) は，添字 1 から添字 7 までの範囲にある要素を一つおきに取得して出力する。

print(a[:7]) は，開始する添字を省略すると，最初から添字 6 までを出力する。

print(a[7:]) は，添字 7 以降を指定し，出力する。

print(a[-1:-5:-1]) は，開始する添字を −1 と指定している。添字は後ろからも指定でき，start を −1 と指定すると末尾の要素を取得する。step を −1 と指定することで，リストを末尾から順番に出力できる。

添字（前から）	0	1	2	3	4	5	6	7	8
添字（後ろから）	-9	-8	-7	-6	-5	-4	-3	-2	-1

【使用例③】

コード	実行結果
a = (0, 1, 2, 3, 4, 5, 6, 7, 8) b = a[1:4] print(b)	（タプル a に九つの要素を代入） （タプル b にタプル a の添字 1 から添字 3 までを代入） (1, 2, 3)

（解説）

　スライス機能を使ってタプルから指定した範囲の要素が含まれる新しいタプルを作成している。タプルは要素の変更ができないため，必要なときにはこのように新しくタプルを作成する。

14. ディクショナリ(辞書)

　ディクショナリは**辞書**ともいい，リストが添字を使って要素を取り出すのに対し，**キー**(任意の値)を使ってデータを取り出す。

　ディクショナリは，{ } の間に，キーと対応する**値**の組み合わせを「キー：値」の形式で記述し，複数の要素を「,」(コンマ)で区切って定義する。

【使用例①】

コード	実行結果
a = {'桃太郎':40, '金太郎':60} print(a['金太郎'])	（ディクショナリ a に，名前をキー，得点を値として代入） 60

（解説）

　一行目でディクショナリ a に名前をキー，得点を値として代入した後，二行目でキーにした名前を指定して値を参照し，出力している。

【使用例②】

コード	実行結果
a = {'桃太郎':40, '金太郎':60} key = a.keys() value = a.values() all = a.items() print(key) print(value) print(all)	（ディクショナリ a に，名前をキー，得点を値として代入） （keys() を使い，すべてのキーをリスト key に代入） （values() を使い，すべての値をリスト value に代入） （items() を使い，すべてのキーと値をディクショナリ all に代入） dict_keys(['桃太郎', '金太郎']) dict_values([40, 60]) dict_items([('桃太郎', 40), ('金太郎', 60)])

（解説）

　keys() を使用すると，ディクショナリからキーのみ取得できる。values() を使用すると，ディクショナリから値のみ取得できる。items() を使用すると，ディクショナリからキーと値を同時に取得できる。

書式	解説
keys()	ディクショナリのキーを返す。
values()	ディクショナリの値を返す。
items()	ディクショナリのキーと値を返す。

【使用例③】

コード	実行結果
a = {'桃太郎':40, '金太郎':60}	（ディクショナリ a に名前と得点を代入）
a['浦島太郎'] = 50	ディクショナリ a に，キーが「浦島太郎」，値が「50」の組を追加
print(a)	{'桃太郎':40, '金太郎':60, '浦島太郎':50}

（解説）

　ディクショナリは後からキーと値を追加することができる。なお，キーと値を削除したいときには del 文を使用し，「del a['金太郎']」のように指定する。

15. 集合

　Python では，何らかの値が集まったものを**集合**と呼ぶ。集合は要素に順番がなく，また一つの集合には同じ要素が含まれないという性質をもつ。集合は，ある集合に特定の要素が含まれているかを調べたり，ある集合と別の集合を比較したりする目的で使用することが多い。例えば，リストやディクショナリから重複する値を取り除くために集合を使うことがある。そのため，集合の和，積，差などを計算するメソッドや演算子が Python には用意されている。集合を定義するときは，ディクショナリと同じように {} を使う。

【使用例】

コード	実行結果
a = {1, 2, 2, 2, 3, 3, 4, 4}	（集合 a に集合としてデータを代入）
b = {1, 2, 2, 2, 5, 5, 6, 6}	（集合 b に集合としてデータを代入）
print(a)	{1, 2, 3, 4}
print(b)	{1, 2, 5, 6}
print(a | b)	{1, 2, 3, 4, 5, 6}

（解説）

　集合 a および集合 b にデータを代入している。そのため 3 行目および 4 行目では，重複する値は無視されて一意な値のみが出力される。5 行目では演算子の「|」（パイプ）を用いて集合 a と集合 b の和集合を出力している。

集合演算	演算子	説明
和集合	|	二つ以上の集合に含まれているすべての要素を集めた集合。
積集合	&	二つの集合の両方に含まれる要素の集合。
差集合	-	ある集合から，別の集合に含まれている要素を除いた集合。
対称差集合	^	二つの集合のどちらか片方だけに含まれる要素の集合。

16. モジュール

　モジュールとは関連性のあるプログラムが一つのファイルとしてまとめられたもので，Python では，さまざまな機能を提供するモジュールが**標準ライブラリ**として用意されている。標準ライブラリを使用するときは，import 文を使って自分のプログラムに導入する。

　モジュールをインポート後，そのモジュールが提供している機能を利用するときは，モジュール名の後に「.」（ドット）を付け，その後に関数やメソッド（p.70 参照）を指定する。

【使用例①】

コード	実行結果
`import random`	（random モジュールを導入）
`print(random.random())`	（0 以上 1 未満の任意の値が出力される）

（解説）

　random は乱数を生成するモジュールである。1 行目で import 文を使って random モジュールを導入し，2 行目で random モジュールに用意されている random 関数を使って 0 以上 1 未満の乱数を一つ取り出して出力する。

import
【書式】 import モジュール名

random 関数
（書式）　`random.random()`
（解説）　0 以上 1 未満の float 型の乱数を返す関数である。random 関数を利用するには「モジュール名.関数名()」と記述をする必要があるため，「`random.random()`」となる。

【使用例②】

コード	実行結果
`import random`	（random モジュールを導入）
`print(random.randint(1, 10))`	（1 から 10 までの任意の整数が出力される）

（解説）

　整数の乱数を生成したいときは random モジュールに用意されている randint 関数を使用する。ここでは 1 から 10 までの範囲で整数の乱数を一つ取り出して出力する。

　なお，指定した範囲内で実数の乱数を生成したいときは random モジュールに用意されている uniform 関数を使用する。randint の箇所を uniform と記述すればよい。

randint 関数
（書式）　`random.randint(a, b)`
（解説）　a から b までの指定した範囲のランダムな整数を返す関数である。randint 関数を利用するには「モジュール名.関数名()」と記述をする必要があるため，「`random.randint(a, b)`」となる。

uniform 関数
（書式）　`random.uniform(a, b)`
（解説）　a から b までの指定した範囲のランダムな実数を返す関数である。uniform 関数を利用するには「モジュール名.関数名()」と記述をする必要があるため，「`random.uniform(a, b)`」となる。

　なお，標準ライブラリ以外に別に配布されているモジュールのことを，**外部モジュール**や**外部ライブラリ**などといい，random モジュールを利用するときと同じように import 文を用いて導入する。

オリジナルのゲームを作ろう

　本書でこれまで学んだ事がらを組み合わせれば，ゲームや業務用ソフトウェアなどの実践的・本格的なプログラムを作ることができる。本節では，より本格的なプログラミング手法として，さらに効率のよいプログラミングができる**オブジェクト指向**について学ぶ。

　プログラムが複雑になってくると，互いに関係の深い変数や関数をひとまとめにして扱ったり，まとめてほかに流用する，といった方法を取ることがある。ひとまとめにした概念やそこから作り出されるものを**オブジェクト**と呼び，そのオブジェクトを中心としてプログラムを作り上げていく考え方をオブジェクト指向と呼ぶ。

　例えば，車を制御するために必要な変数や関数をひとまとめにして「車」と定義しておき，複数の異なる車として扱ったり，「車」に少し変更を加えて「トラック」として扱うという考え方がオブジェクト指向である。

　では，実際に，敵（モンスター）が登場するゲームを例に，オブジェクト指向によるプログラミングにチャレンジしてみよう。

シナリオ化	フローチャート

シナリオ化

【Monster クラスの定義】

A

初期化メソッド（コンストラクタ）（p.70 参照）の定義

・敵（モンスター）の名前を表すクラス変数(p.70 参照)に引数の値を代入する。

・敵のHPを表すクラス変数に引数の値を代入する。

B

damage メソッドの定義

・敵自身のHPから受けたダメージを引く。

・敵自身が受けたダメージを表示する。

C

attack メソッドの定義

・敵からの攻撃値を乱数で決定する。

・敵からの攻撃値を表示する。

・敵からの攻撃値を戻り値として返す。

フローチャート

- Monster クラスの始め
- **A** 初期化メソッドの定義
- **B** damage メソッドの定義
- **C** attack メソッドの定義
- 定義終了

【プログラムのメイン処理】

D

敵(モンスター)のインスタンスを生成する。

E

敵の名前を表示する。

F

自分の HP に初期値 100 を代入する。

G

自分と敵の HP がともに正の間，繰り返し処理を行う。

H

自分と敵の HP を表示する。

I

攻撃するか回復するかの入力を促す。

J

攻撃が指定されたかどうかを判定する。

K

Yes の場合，damage メソッドを呼び出す。
No の場合，自分の HP に 20 を加算する。

L

自分の HP から敵の攻撃値を引く。※

M

自分の HP が正かどうかを判定する。

N

Yes の場合，「敵を倒した！」と表示する。
No の場合，敵の HP が正かどうかを判定する。

O

Yes の場合，「負けました」と表示する。
No の場合，「相打ちです」と表示する。

※攻撃と回復以外の入力が行われた場合には，攻撃
　も回復も行わず，自分の HP から敵の攻撃値を引
　く流れになる。

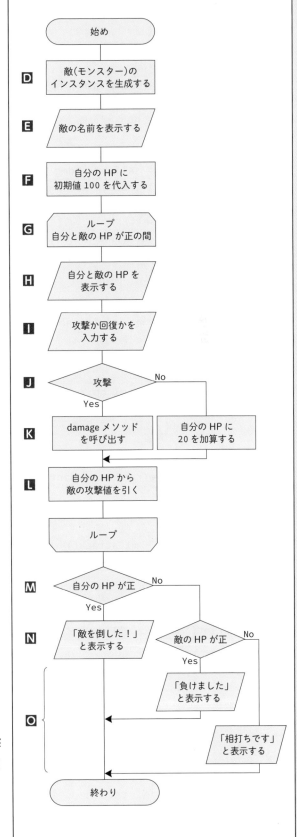

付録

プログラム

```
import random                                  # random モジュールをインポート

class Monster:                                 # Monster クラスの定義
A   def __init__(self, name, hp):              # コンストラクタ ( 初期化メソッド ) を定義
        self.name = name                       # クラス変数 name に引数の値を代入
        self.hp = hp                           # クラス変数 hp に引数の値を代入

B   def damage(self, dmg):                      # damage メソッドの定義
        self.hp = self.hp - dmg                # クラス変数 hp の値から dmg を減算
        print(self.name, ' は ', dmg, ' ダメージを受けた ')   # 受けたダメージを表示

C   def attack(self):                          # attack メソッドを定義
        atk = random.randint(20, 30)           # 攻撃値として 20 ～ 30 の乱数を代入
        print(self.name, ' の攻撃 : ', atk)     # 敵の名前と攻撃値を表示
        return atk                             # 攻撃値をメソッドの呼び出し元に返す

                                               # メイン処理開始
D  m1 = Monster(' アナコンダ ', 100)            # 敵として Monster クラスのインスタンスを作成
E  print(m1.name, ' が現れた！ ')               # 敵の名前を表示
F  myhp = 100                                   # 自分の HP に 100 を代入

G  while myhp > 0 and m1.hp > 0:                # 自分と敵の HP がともに正の間繰り返す
H      print(' 自分の HP : ', myhp, '   敵の HP : ', m1.hp)   # 自分の HP と敵の HP を表示
I      x = input(' 攻撃 -> 1 回復 -> 2')        # 質問を表示し，回答を入力させる

J      if x == '1':                             # 1( 攻撃 ) が入力された場合
K          m1.damage(random.randint(10, 30))    # 敵の damage メソッドの引数に乱数を渡す
        elif x == '2':                          # 2( 回復 ) が入力された場合
            myhp = myhp + 20                    # 自分の HP に 20 を加算

L      myhp = myhp - m1.attack()                # 自分の HP から敵の attack メソッドの戻り値を減算

M  if myhp > 0:                                 # 自分の HP が正の場合
N      print(' 敵を倒した！ ')                   # 勝利の表示を行う
   elif m1.hp > 0:                              # それ以外で，敵の HP が正の場合
O      print(' 負けました ')                     # 敗北の表示を行う
   else:                                        # それ以外の場合
       print(' 相打ちです ')                     # 引き分けの表示を行う
```

実行例

出力	アナコンダ が現れた！
出力	自分の HP：100　敵の HP：100
出力	攻撃 -> 1 回復 -> 2
入力	1
出力	アナコンダ は 10 ダメージを受けた
出力	アナコンダ の攻撃：30
出力	自分の HP：70　敵の HP：90
出力	攻撃 -> 1 回復 -> 2

チェック

1．乱数を生成する randint()

　randint() は random モジュールに含まれる関数で，指定した範囲からランダムな整数を生成する。プログラムの**C**ブロック（attack メソッド）では，「random.randint(20, 30)」とすることで，20 以上 30 以下からランダムな整数（乱数）を生成している。

2．初期化メソッド __init__()

　Monster クラスには，**初期化メソッド** __init__() と，**ユーザ定義メソッド** damage()，attack() が定義されている。初期化メソッドは**コンストラクタ**とも呼ばれるもので，モンスターの**インスタンス**（実体）を生成する際に自動的に呼び出される（メソッド，コンストラクタ，インスタンスは p.70 エッセンス参照）。

　インスタンスを生成している**D**ブロックの「m1 = Monster('アナコンダ', 100)」の二つの引数が，**A**ブロックの「__init__(self, name, hp)」の後ろ二つの引数（第二引数，第三引数）に渡される。第一引数の self は，「生成されたモンスターのインスタンス自身を指すもの」とイメージしておくとよい。**A**ブロックの self.name は各モンスター（インスタンス）の名前を指すものである。「self.name = name」で，「__init__(self, name, hp)」の第二引数の値をインスタンス自身がもつ変数 name に，「self.hp = hp」で，「__init__(self, name, hp)」の第三引数の値をインスタンス自身がもつ変数 hp にそれぞれ代入している。

```
m1 = Monster('アナコンダ', 100)


__init__(self, name, hp)
```

生成したモンスター
　name = 'アナコンダ'
　hp = 100

エッセンス

敵(モンスター)が登場するプログラムを例に，オブジェクト指向によるプログラミングで使われる用語や考え方を見ていこう。

○クラス

複数のモンスターを登場させたい場合，その都度必要な変数を用意するのは無駄が多い。そこで，あらかじめ作成しておく設計図(概念)が**クラス**である。クラスには，**属性**と**メソッド**を定義することができる。

- **属性**………クラスで定義される変数。**クラス変数**，**プロパティ**ともいう(例：モンスター名やHP値を保持するための変数など)。
- **メソッド**…クラスで定義される処理や操作。**クラスメソッド**ともいう(例：攻撃時の処理や初期化の操作など)。

○インスタンス

クラスから生成した実体。クラスはあくまでも設計図(概念)なので，クラスの属性に具体的な値は入っていない。インスタンスを生成する際に，属性に値を代入する初期設定が行われることで，はじめて実在するモノ(オブジェクト)となる(例：実在するモンスターの生成(右上図ではアナコンダとパイソンを生成))。

○コンストラクタ

インスタンスの初期設定を行うメソッド。モンスター名やHPなどの属性の初期値をクラスの引数に指定することで，属性の異なるインスタンスを生成できる。なお，初期設定が必要ない場合は，引数を記述しなくてもよい。

○クラスの継承

あるクラスに似た別のクラスを作りたい場合，クラスの**継承**を行う(例：モンスタークラスの属性やメソッドはそのまま使い，新たに「魔力」属性と「癒す」メソッドを追加したい → モンスタークラスを継承して「魔法使い」クラスを作成)。

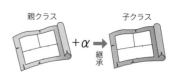

- **親クラス**…継承元のクラス。**基底クラス**ともいう(例：モンスタークラス)。
- **子クラス**…継承してできたクラス。**派生クラス**ともいう。子クラスは，記述がなくても親クラスの属性をもち，メソッドを使える(例：モンスタークラスを継承した魔法使いクラス)。

○オーバーライド

子クラスは，親クラスのメソッドを使うことができるが，そのメソッドを少し変更して使いたいというケースも考えられる。このようなときに行うのが**オーバーライド**(メソッドの上書き)である。インスタンスの生成時に初期設定を行うコンストラクタは，その性質上，とくにオーバーライドして使われることが多い。

チャレンジ

1. 「敵」と表示している部分(Ｈブロックと Ｎブロック)に，モンスターの名前を表示するよう修正しよう。
2. Monster クラスの属性にタイプ(mtype)を追加し，インスタンス生成時に '火'，'水'，'風' のいずれかを指定して名前とともにタイプを表示するよう修正しよう(例：「アナコンダが現れた！タイプ：火」)。

手書き数字を機械学習で識別させよう

人工知能(AI)の手法の一つである**機械学習**を用いると，数字や文字，画像などを識別することができる。ここでは，ペイントソフトで手書きした数字を使って，機械学習で数字を識別させてみよう。

シナリオ化

A STEP 1：
データセット(手書き数字の集まり)の内容を確認する。

B STEP 2：
画像データ(手書き数字)の構成を確認する。

C STEP 3：
データセットの画像データを学習用とテスト用に分割する。

D STEP 4：
学習用データで学習，テスト用データでテストを行う。

E STEP 5：
ペイントソフトで手書きした数字をアップロードする。

F STEP 6：
機械学習を用いて手書き数字を識別する。

フローチャート

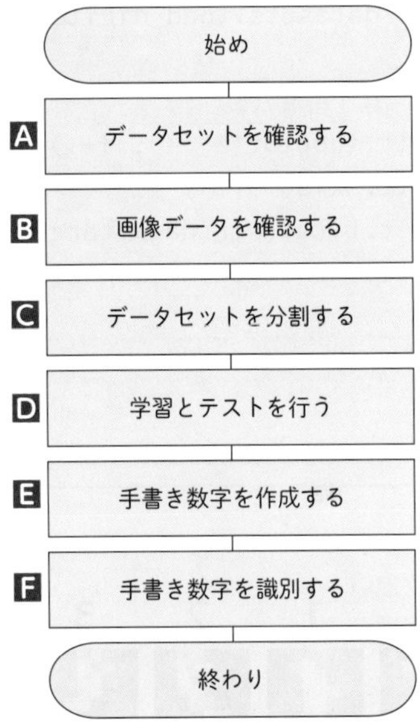

始め
A データセットを確認する
B 画像データを確認する
C データセットを分割する
D 学習とテストを行う
E 手書き数字を作成する
F 手書き数字を識別する
終わり

STEP 0 Google Colaboratory の準備

本節で紹介するプログラムでは，複数のライブラリを使用するため，事前にライブラリのインストールが必要となる。IDLE では一つひとつインストールする必要があるが，Google Colaboratory というソフトウェアを用いれば，事前にライブラリをインストールせずに使用することができる。ここでは，Google Colaboratory の使用方法について簡単に説明する。

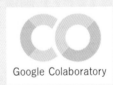

Google Colaboratory

1. Google アカウントの取得

Google Colaboratory を使用するには，事前に Google アカウントを取得する必要がある。

2. Google Colaboratory へのアクセスとログイン

Web ブラウザを起動して「Google Colaboratory」と検索するか，「https://colab.research.google.com/」をアドレスバーに入力してアクセスする。ログイン画面で，作成した Google アカウントを使いログインする。

3. ファイル(ノートブック)の作成

［ファイル］→［ノートブックを新規作成］を選択すると，新しいタブが開き，新規にファイル(ノートブック)が作成される。なお，ファイルは，自身のアカウントの Google Drive に自動保存(更新)される。

4. プログラムの実行

セルの中にプログラムを書き，再生ボタン▶をクリックすると，プログラムが実行され，右図のように下部に結果が表示される。新たにセルを追加する場合は，上部の［+コード］ボタンをクリックする。

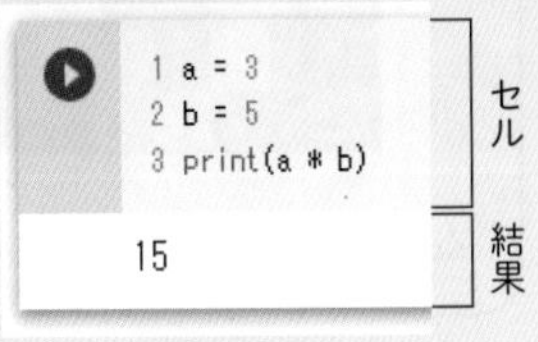

1 a = 3
2 b = 5
3 print(a * b)
15
セル
結果

付録

STEP❶ データセット（手書き数字の集まり）の内容を確認する‥‥‥‥‥‥‥‥

プログラム

```
import matplotlib.pyplot as plt          # グラフ描画ライブラリ matplotlib をインポート
from sklearn import datasets             # 機械学習ライブラリ scikit-learn をインポート

data = datasets.load_digits()            # データセット（手書き数字 1797 個）の読み込み

for i in range(50):                      # 一つの手書き数字を描画する処理の繰り返し
    plt.subplot(5, 10, i+1)              # 5 行 10 列で 50 個の画像を一覧で表示
    plt.axis('off')                      # 画像における軸（目盛り）の非表示
    plt.title(str(data.target[i]))       # 画像タイトルには正解ラベル（0 〜 9）を表示
    plt.imshow(data.images[i], cmap='gray')   # 画像をグレースケールで貼り付け

plt.show()                               # 画像（50 個の手書き数字）を表示
```

実行例

0 1 2 3 4 5 6 7 8 9

※実行例には 1 行 10 列しか表示していないが，実際は 5 行 10 列で 50 個の手書き数字が表示される

STEP❷ 画像データ（手書き数字）の構成を確認する‥‥‥‥‥‥‥‥‥‥‥

プログラム

```
a = data.images[0]            # data から最初の画像データ（0 番目）の取り出し
plt.imshow(a, cmap='gray')    # 画像はグレースケールで表示
plt.show()                    # 画像（0 番目の手書き数字）を表示
print(a)                      # 画像（0 番目の手書き数字）のデータを表示
```

実行例

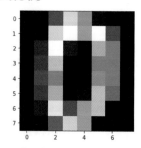

```
[[ 0.  0.  5. 13.  9.  1.  0.  0.]
 [ 0.  0. 13. 15. 10. 15.  5.  0.]
 [ 0.  3. 15.  2.  0. 11.  8.  0.]
 [ 0.  4. 12.  0.  0.  8.  8.  0.]
 [ 0.  5.  8.  0.  0.  9.  8.  0.]
 [ 0.  4. 11.  0.  1. 12.  7.  0.]
 [ 0.  2. 14.  5. 10. 12.  0.  0.]
 [ 0.  0.  6. 13. 10.  0.  0.  0.]]
```

※手書き数字は 8 行 8 列の画像である　　※ 64 個の数値は，黒に近いほど 0，白に近いほど 16 に近付く

STEP❸ データセットの画像データを学習用とテスト用に分割する ·················

プログラム

```
#scikit-learn から train_test_split( データを学習用とテスト用に分割するモジュール ) をインポート
from sklearn.model_selection import train_test_split

data = datasets.load_digits()        # データセット ( 手書き数字 ) を読み込み, data に代入
x = data.images                      # データセットから画像データを取り出し, x に代入
y = data.target                      # データセットから正解ラベルを取り出し, y に代入
x = x.reshape((-1, 64))              # 画像データ x を 8 行 8 列から 1 行 64 列に変換
print(x[0])                          # 画像データ x の最初 ( 0 番目 ) のデータを表示

# 画像データ x と正解ラベル y を, 学習用 80%(x_train, y_train) とテスト用 20%(x_test, y_test) に分割
x_train, x_test, y_train, y_test = train_test_split(x, y, test_size=0.2)
```

実行例

```
[ 0.  0.  5. 13.  9.  1.  0.  0.  0.  0. 13. 15. 10. 15.  5.  0.  0.  3.
 15.  2.  0. 11.  8.  0.  0.  4. 12.  0.  0.  8.  8.  0.  0.  5.  8.  0.
  0.  9.  8.  0.  0.  4. 11.  0.  1. 12.  7.  0.  0.  2. 14.  5. 10. 12.
  0.  0.  0.  0.  6. 13. 10.  0.  0.  0.]
```

※実行例は画面上に 4 行で表示されているが, 実際のデータは 1 行 64 列に変換されている

STEP❹ 学習用データで学習を, テスト用データでテストをする ·················

プログラム

```
from sklearn import svm, metrics        # scikit-learn から svm と metrics のインポート
from sklearn.metrics import accuracy_score    # scikit-learn から accuracy_score
                                              # のインポート
clf = svm.LinearSVC()                   # 機械学習には SVM(p.76 エッセンス参照 ) を使用
clf.fit(x_train, y_train)               # 学習用データ (x_train, y_train) を使用して学習

y_pred = clf.predict(x_test)            # テストデータ (x_test) を使用して数字を予測
rate = accuracy_score(y_test, y_pred)   # 正解ラベル (y_test) と予測結果 (y_pred) を比較
print(' 正解率 :', rate)                # 正解ラベルに対する予測結果の正解率を表示
```

実行例

正解率: 0.9527777777777777

STEP 5 手書き数字を作成し，データをアップロードする……………………………

手書き数字の画像ファイルは，正方形の画像が出力できれば，どのようなソフトウェアで作成してもよい。ここでは，Windows に標準で搭載されているペイントソフトでの作成手順を示す(Windows10 の場合)。

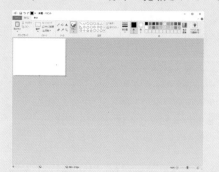

1．[スタート] ボタンの [Windows アクセサリ] から [ペイント] をクリックし，ペイントソフトを起動する。

2．[サイズ変更] から [単位] をピクセルにし，[縦横比を維持する] のチェックをはずしてサイズを [300 × 300] に変更する。

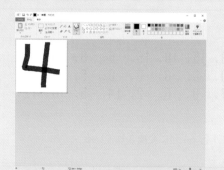

3．[ブラシ] と [線の幅] を任意のものに変更し，キャンバスに 0 〜 9 の中から好きな数字を描く。

4．[ファイル] → [名前を付けて保存] を選択し，任意の場所に保存する(拡張子は何でもよい)。

プログラム

```
from google.colab import files      # google.colab から files のインポート
upload = files.upload()             # ファイルを選択してアップロード（下記の実行例を参照）
```

実行例

1．[ファイル選択] をクリックし，作成した手書き数字のファイル(下の例は「3.png」の場合)を選択する。

[ファイル選択]　選択されていません　　[Cancel upload]

2．画像データのアップロードが完了すれば，下記のように表示される。

[ファイル選択]　3.png
* **3.png**(image/png) - 20778 bytes, last modified: 2020/10/27 - 100% done
Saving 3.png to 3.png

プログラム

```
import cv2                                            # 画像処理ライブラリ OpenCV のインポート

img = cv2.imread('3.png')                             # 手書き数字（ここでは「3.png」を選択）の読み込み
img = cv2.cvtColor(img, cv2.COLOR_BGR2GRAY)           # 画像ファイルをグレースケール化
img = cv2.resize(img, (8, 8))                         # 画像ファイルを 8 行 8 列のサイズに変換
img = 15 - img                                        # 画像ファイルの白黒を反転

plt.imshow(img, cmap='gray')                          # 画像ファイルをグレースケールで貼り付け
plt.show()                                            # 画像ファイルを表示

img = img.reshape((-1, 64))                           # 8 行 8 列の画像データを 1 行 64 列に変換
num = clf.predict(img)                                # 画像ファイルの数字を予測し num に代入

print('画像の数字は', num, 'ですか？')                # 予測した数字（num の値）を表示
```

※別の手書き数字の判別を行う場合は，プログラム 3 行目のファイル名（「3.png」の部分）を修正する。

付録

実行例

●正解の場合

読み込んだ画像データ

出力結果

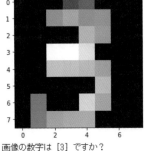

画像の数字は [3] ですか？

●不正解の場合

読み込んだ画像データ

出力結果

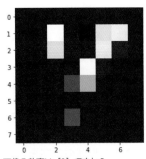

画像の数字は [9] ですか？

エッセンス

1．人工知能や機械学習ってよく耳にするけど何のこと？

　今日，世の中は第3次人工知能ブームを迎えており，**人工知能(AI)**や**機械学習**，**ディープラーニング(深層学習)**という言葉をよく耳にするようになった。これらは似たような意味で使われることが多いが，それぞれが意味するものは下の図のように異なる。図のように，機械学習は人工知能の手法の一つであり，ディープラーニング(深層学習)は機械学習の手法の一つに分類される。

> 人工知能(AI)　機械学習　ディープラーニング(深層学習)

　人工知能(AI)という言葉がはじめて使われたのは1956年のことであり，「人工的につくられた人間のような知能や技術」という意味で使われることが多い(専門家によって人工知能の定義は若干異なる)。人工知能の手法の中で，今日最もよく使われているのが機械学習である。機械学習は，「大量のデータから機械にパターンやルールを発見させ，それをさまざまな物事に利用することで，判別や予測をする技術」のことであり，現在では**データサイエンス**の中核をなす技術となっている。

　機械学習にはさまざまな手法が存在し，その一つであるディープラーニング(深層学習)は，人の脳の神経回路網を数式的なモデルで示した**ニューラルネットワーク**という技術がベースとなっており，このニューラルネットワークを多層(特に何層以上という決まりはない)にして構成している。これが，深層学習という名称の由来となっている。

2．プログラムで使用したSVMって何？

　この章で取り上げた手書き数字を識別させる手法は，機械学習のうち**教師あり学習**(正解を与えて学習させる方法)に**分類**される**SVM**(Support Vector Machine)という手法を使用している。SVMはおもにデータの分類や，連続したデータから次の値を予測する**回帰**に使用され，未知のデータに対しても高い精度で識別することができる。

　SVMを使用した画像ファイルの学習には，それぞれの画像の**特徴量**を抽出し，それら特徴量のデータから「線引き」を行っている。例えば，右の図は数字の0と1の特徴量を抽出し，それらのデータから線引きを行った結果である(図はイメージ)。この学習した結果を使用し，新たな数字の画像を分類する手法がSVMである。

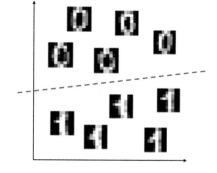

発展問題

　さまざまな形状の数字をペイントソフトで描き，プログラムに識別させてみよう。それらの結果から，どのような形状の数字が正解しやすく，あるいは不正解になりやすいのか，特徴を調べてみよう。